PE

PTS （Phaslized, Thematic, Socialized）

教學法

微型社會中的主題式教與學

夏惠汶 著

PE 學富文化事業有限公司

國家圖書館出版品預行編目資料

PTS 教學法：微型社會中的主題式教與學
/夏惠汶 著； -- 初版 —
臺北市：學富文化, 2017.8
面： 公分

ISBN 978-986-5713-42-3

1. 教學法

521.4   106004653

初版一刷 2017 年 8 月

PTS 教學法：微型社會中的主題式教與學

作 者	夏惠汶
發 行 人	于雪祥
發 行 所	學富文化事業有限公司
地 址	臺北市大安區和平東路二段 118 巷 2 弄 20 號
電 話	02-23780358
傳 真	02-27369042
E - M A I L	proedp@ms34.hinet.net
印 刷	上毅印刷有限公司
定 價	380 元(不含運費)

ISBN: 978-986-5713-42-3

序

　　自臺灣解除戒嚴後，在民主與開放的思潮下，教育生態丕變，從九年一貫、十二年國教，以及新課綱即將於 108 學年度的實施，過去二十餘年來，我國教育做了一連串的變革。這些改變，無非是希望學生能順適其性，自在發展，藉由教育的引導讓他們學得開心，也能夠找到自己的方向。

　　或許教育的改革未能盡如人意，或許倚賴學業成績來評定學生好壞的習慣依舊存在，但不可否認，因為改革也喚起許多對教育具有熱忱的教師，面對一成不變的教育現場，相繼提出活化教學的新理念。近年來舉凡「學思達」、「BTS 翻轉教室」、「MAPS」、「學習共同體」等教學法，無一不是為了活化現階段教育方式所提出。本書的目的在提出以「分段式學習、主題式教學、社會化互動環境（Phaslized learning, Thematic teaching, Socialized interaction environment，簡稱 PTS）」三種教學層次之創新教學法介紹給所有教育工作者，期藉由不一樣的教育思維，打破傳統成績至上的窠臼，讓學生擺脫沉悶的學習氛圍，帶給他們更多元豐富的活潑學習模式，使其找到自己的興趣專長並宏觀自我視野。

　　「學如逆水行舟，不進則退」，既然學習都要不斷前進，更何況是傳道、授業、解惑的教師。芬蘭為迎合未來多變的世界，在 2016 年全面實施新課綱，打破傳統的分科學習，在協作式課堂學習模式中，強調學生的主題式學習（Phenomenon-based learning），藉以培養學生的「橫向力」「transversal (generic) competences」及跨學科的整合能力，此舉與本書所提倡之主題式

教學不謀而合。這樣的突破性變革，確實為教育界帶來震撼與不少疑惑。誠如芬蘭國家教育委員會課綱發展主席哈樂寧（Irmeli Halinen）指出，「因為世界正在快速變動，我們必須不斷檢視、反思跟學校有關的每件事情。」也道出改革核心目的──世界在變，唯有「變」、不斷調整與改進，教育才能跟得上時代趨勢，合乎社會需求，學生才能得其所學，展現其應有的競爭力，故提出結合能力導向和主題式教學的新模式。

　　為此，希望透過本書內容，經由對現今教育趨勢的了解，剖析當前教育面臨的問題，並藉由國內部分新興教學法的認識，釐清改革的核心目的。更希望將結合了「分段式、主題式、社會化」三者概念之微型社會化主題式教學法予所有教育工作者一同分享。期盼閱讀此書後，面對當前的教育處境，能激發起沉睡的教育熱忱，共同為教育而努力。

目錄

壹、理論篇

第一章　教育趨勢與問題當代環境

第一節　變遷與人才需求

　　身處在快速變遷的二十一世紀裡，不論是國際情勢、科技發展、氣候環境或文化思想，都衝擊著人類的舊思維。為符合時代需求，不同國際組織紛紛提出因應之道，並指出現代人應具備的相關能力。然而，傳統的教學方式能培養出我們需要的人才嗎？教育現場工作者能與時俱進改變思維，符合時代潮流嗎？唯有了解變化脈絡，我們才能找到適合當代國際趨勢與社會發展的教育方向。亦即從世界變遷開始，論及近年國際相關組織對教育革新議題的倡導，再帶出新世代人才所需的關鍵能力，及其培養能力可運用的教學模式，是為本書在理論篇論述之目的。

一、內外部環境變化對人類的影響

　　相較過往的線性發展，21 世紀的變化速度與方向呈現多元且沒有邏輯性。本節將就現今教育內外部環境變遷之內涵與影響做一說明，以利後續了解當代人才需求的不同及其教學模式調整的必要性。

（一）外部環境變化對教育造成的影響

1. 市場導向趨勢對就業競爭條件的改變

　　世界多國貿易體，如美國、歐盟、日本等，近年已節節衰退。2008 年雷曼兄弟破產引發全球金融海嘯，造成美

國景氣低靡；位於歐元區的「歐豬五國（PIIGS）」Portugal（葡萄牙）、Ireland（愛爾蘭）、Italy（義大利）、Greece（希臘）、Spain（西班牙）亦因經濟衰退面臨巨大挑戰，複加上英國的脫歐與歐盟面臨難民議題的分歧，讓歐盟盛況不再；這些變動造就非洲、印度、俄羅斯、巴西等新興國家崛起，並逐漸取而代之。其他國家亦積極洽簽自由貿易協定（Free Trade Agreement，簡稱 FTA），致使世界區域經濟加速整合，過往被忽略的東南亞國家也因為經濟開放，開始吸引大批外商前往投資，不但促進當地的經濟繁榮，也增加了許多就業機會。

　　為因應國際現況發展，促進學生於就學期間即接軌國際，近年來教育主管機關與學校已透過各項學術交流、志工服務、實習見習等機制，鼓勵學生負笈前往國外，期藉由學習不同語言、適應跨國文化、探索多元情境等活動，來提升學生就學或就業競爭力。由此可知，學校教育已不像過往只關注學科知能的養成，而是強調理論與實務結合，硬實力與軟實力並重，此即為教育革新以培養未來「社會人」的重要理念與關鍵策略之一。

2. 科技發展對學校教與學的應用

　　相較於上個世代，21 世紀擁有更優渥的生活條件，科技發展的速度超乎人類想像；舉例而言，2007 年蘋果公司創辦人賈伯斯（Steven Jobs）發表第一代 iPhone，翻轉人類對通訊工具的使用習慣。機器人、物聯網、虛擬情境和擴增實境的利用，讓我們的生活更加便利。「好奇號」

（Curiosity）火星探測車引發人類開始尋找地球以外，另一個生存地點的可能性。過往在圖書館找尋紙本資料，現在藉由電子資料庫，文獻搜尋只需數秒。如同湯馬斯‧佛里曼（Thomas L. Friedman, 2005）在《世界是平的：一部二十一世紀簡史》中提到「世界正被抹平」，「滑」世代的到來；資訊打破國與國的疆界，科技加速全球化競爭，世界就像是平的，各種知識技術在流動，科技媒體融入教學，學生學習勢必得因應外部競爭要求，才能跟上時代轉變與社會期待。

3. 競爭對手不再侷限於區域而是來自世界各地

從外部觀點而言，人類擁有更好的生活條件，但生存條件卻愈趨不利。當全球化（globalization）使國界概念變得模糊，跨國交流管道變得更多，造成在經濟、文化和教育上，直接或間接的競爭關係隨之而起，人與人間的比較也愈發激烈。過去商店或服務機構只需因應鄰近區域競爭對手的挑戰即可，但現在得面對國內外各種跨區域連鎖商店或相關機構的相互競爭。企業店家如此，教育機構亦然。反觀臺灣正面臨教育資源緊縮、少子女化和校數偏多等壓力，學校如何建立辦學特色，培養學生具備職場競爭優勢，其考量因素已不能僅限於國內就業市場氛圍。因此，如何提升教學品質，兼顧學生軟硬實力的發展，養成其具備國際視野與移動力的生存條件，才是學校最終的教育目標。

雖然如此，我們不禁要問，學生需要養成哪些能力，以因應未來社會環境的變遷與挑戰？這些能力又該如何透

過學校正式與非正式課程和教學來引導其發展？上述問題將在後續章節進行討論，但可確定的是，在這資源愈發稀少、分配愈趨不均、社會問題層出不窮的時代，學歷已不再是成功的保證書和進入職場的萬靈丹，唯有擁有無法取代和解決問題的能力，才是決定一個人競爭力的重要指標。

（二）內部環境變化對教育造成的影響

隨著時代更迭，人類思想與觀念亦跟著改變。從 18 世紀初啟蒙運動到第一次世界大戰間，現代主義影響著人類社會發展。但自二次世界大戰後，後現代主義則開始滲透整個西方社會，並引發思潮改變。茲就現代主義和後現代主義對現今人類思想的影響做如下說明。

1. 現代主義─機械式的世界觀

啟蒙運動以降，人們便相信人定勝天，將理性推向至高無上的地位。受笛卡爾（Rene Descartes）、牛頓（Isaac Newton）、培根（Francis Bacon）等人的影響，「機械式」的世界觀影響人類百餘年，認為世界不過是由許多零件組裝而成的大型機器，利用技術和科學便能征服自然，改善人類的生活狀況。這種思維亦漸漸滲透到經濟發展、教育制度、社會改革、組織管理等面向。然而，人類的理性不單僅是表現在思想上，以科學化方式建立知識的理性，後遂轉變為「工具理性」，即將工具與目的緊密結合，一切追求可量化的績效（溫明麗，2013），凡事強調效率與一致性。

特納（B. Turner）即指出，「現代化」雖使世界變得更秩序化，卻不能使世界變得有意義（張文軍，1998）；當工廠的工人被視為機器，學校的學生被當成產品，一旦不合標準就喪失價值，如此將完全忽略個體的差異性。

2. 後現代主義—尊重多元、反權威

　　第二次世界大戰（1939-1945）後，現代主義所強調的人類進步與自治的自信，在奧斯威辛集中營和前蘇聯集中營中被粉碎。納粹主義和馬克思主義的奉行者相信人類理智可以代表真理，進而走向極端的體系，証明了完全理性在人類世界中是不可能達成的。

　　隨著現代主義衍生出的種種問題與經濟衰退，1960 年後，後現代思維如巨浪般襲來。沈清松（1993）指出，「後現代」並不是「現代」的結束，而是對現代主義的批判、質疑與否定，進而走向尊重多元、雜然並陳的情境。秦夢群與黃貞裕（2013）表示，後現代主義具有多元、反基礎、反決定論、反權威性等特徵，故多樣、批判、解放、去中心化、反霸權和包容性是為其特質。換言之，現代主義裡，機械式的世界觀忽略了事物發展過程中的不確定性與不穩定性。每個人看待同一事件的角度和態度不盡相同。理性主義窄化了我們認識世界的高度，而後現代主義則強調個人的獨特性和差異性，並認為知識不應以權威為圭臬，每個人都有解釋的權利。

　　正因為每個人都可以提出自己的見解，當基礎知識被解構，事物與事物間的界線變得模糊，過去認知中的二分

法即被推翻。例如，SOHO 族可謂工作與家庭界線的模糊，而虛擬實境（virtual reality）則象徵真實情境與虛擬世界的模糊。當人們發現單一定義無法解釋事情的全貌，對事物看法的包容性與接受度相對提高，並強調個人的價值與平等，即意味著世界呈現兼容並蓄的景象。

後現代主義解構了知識背後隱含的權力；過往權力擁有者能決定是非對錯，但現在則沒有絕對的真理，學生可以質疑教師或教科書內容，任何人都可以建構自己的知識體系。另一方面，隨著科技發展，Facebook、Twitter、Youtube、Instagram 等社群平臺如雨後春筍般出現，每個人都能自由論述、百家爭鳴。這樣的現象，乍看下是尊重個人的發言權，實際上卻造成某種混亂。一篇網路文章，該如何確定其真實性？「真實」又該如何判準？判準的標準又該由誰來決定？後現代的多元、快速、變動，相對也造成人心的無所適從。

因此，在後現代主義影響的時代裡，人類的思維和觀點愈發開放廣闊，但全球化強調「單一價值」，後現代強調「差異」，兩者本質上呈現矛盾。人們擁有的資訊多而繁雜，若無穩固的中心思想，空虛和焦慮將不減反增。換言之，霸權中心不復存在，充滿危機也充滿轉機的時代已經到來。

二、國際組織的倡導

承前所述，人類在 21 世紀面臨的挑戰是內、外在並行

的，不但要解決生活環境的問題，也要適應思想的改變；也就是說，運用舊思維、舊方法已不足以因應新世紀的轉變。變遷的腳步只會愈來愈急促、愈來愈難以預測，究竟未來人類應具備何種能力才能在這股洪流中生存？教育工作者又該如何調整課程內涵與教學模式，才能培養出合乎時代需求的人才？這些都是社會關注的焦點，也是教育改革的動機。

（一）21 世紀人才特質

面對全球化、數位化、資訊爆炸、後現代思維等多重衝擊，早在上個世紀，陸續有多個國際組織提出新世代人才須具備的能力。

1996 年聯合國教科文組織（UNESCO）出版的《學習：內在的財富》一書中，明確指出：「終身教育概念是人類進入二十一世紀的一把鑰匙」、「終身教育將居於未來社會的中心位置」。該書提出未來人類要適應社會變遷，必須進行四種基本學習，也是教育的四個支柱：「學會求知」（learning to know）、「學會做事」（learning to do）、「學會共處」（learning to live together）、「學會自我實現」（learning to be）。隨後，聯合國教科文組織的教育研究所（UNESCO Institute for Education）又在 2003 年出版《開發寶藏：願景與策略 2002–2007》，書中提出了終身學習的第五個支柱概念—「學會改變」（learning to change）。

另一方面，2001 年歐盟會議也提出關於未來教育應提

供民眾具備終身學習的八大關鍵能力（key competency），
包括：

1. 用母語溝通的能力；
2. 用外語溝通的能力；
3. 運用數學與科學的基本能力；
4. 數位學習的能力；
5. 學習如何學習的能力，亦即時間管理、解決問題、蒐集資訊、有效運用資訊等管理個人職業生涯的能力；
6. 人際互動、參與社會的能力；
7. 創業家精神，即擁抱改變、勇於創新，能夠自我設定目標策略並追求成長的能力；
8. 文化表達的能力，即欣賞創意、體驗各種美感經驗。

英國樂施會（Oxfam）於 2006 年提出七項全球公民素養特質如下：

1. 具備廣闊的世界觀；
2. 尊重並珍視多元性；
3. 理解世界如何運作；
4. 為社會不公義發聲；
5. 投入社區、國家及全球參與；
6. 為世界公平及永續發展採取行動；
7. 承擔責任並對己身負責。

經濟合作暨發展組織（OECD）的《關鍵公民素養的界定與選擇》則指出，使用語音科技工具進行溝通、能在

異質社群中與他人互動、能自主自律等，行動是現代公民
必要的技能。國際文憑組織（International Baccalaureate）
更羅列十點現代公民條件，包括好奇探索、知識豐富、思
考辯證、樂於溝通、正直信念、心胸寬廣、不吝關懷、勇
於冒險、身心平衡、自我反省。

　　事實上，我國教育部也在 2013 年《人才培育白皮書》
中揭露六項未來國家人才的關鍵能力，即具備語文能力、
國際與多元文化視野和經營世界膽識之「全球移動力」；具
學以致用、即刻工作和解決問題的「就業力」；具獨特、原
創、可開發新領域及新機會的「創新力」；具跨專業、多重
領域的溝通、分析及綜合評斷的「跨域力」；具使用資訊工
具、掌握訊息與行動學習的「資訊力」；和具自我負責、尊
重差異、主動參與社會和增進公眾利益的「公民力」。

　　上述說明都隱含一個重要概念，那就是認知性的知識
已經不能滿足未來社會的要求。任何一個世代的教育都會
隨著時代脈絡有所調整，20 世紀受到理性主義和工業革命
的影響，強調智力發展、標準與制式化的表現，這些課程、
教室、教師風格的僵固性，已無法滿足後現代教育所強調
的自主性與個人化，亦即重視與他人一起進行有意義的學
習（張文軍，1998）。

　　再者，將這些國際組織所提出之人才特質做一歸納發
現，21 世紀所強調的關鍵性能力係指「處理關係的能力」
—即與他人的關係（如合作、溝通、尊重他人）、與世界、
社會的關係（如關心並回饋社會、了解世界趨勢與運作）、
與自我的關係（如自學、自省、創造力、自我成長）。然而，

這些能力很難以傳統的教學方式習得，故未來教育的焦點應將從「教」轉變為「學」，亦即教育工作者不應只關心「教什麼？」、「怎麼教？」，而是重視於學生該「學什麼？」和「怎麼學？」。

第二節　教育問題放大鏡

第一節談到時代變遷及後現代思維正衝擊著全球教育發展，本節將專注於我國教育問題的探討。從整體社會的學用落差談起，釐清學生學習動機低落的原因、教師工作疲乏的現象和少子女化等外部不利因素對辦學衝擊的影響。因為唯有真正了解我國教育所處的現況與困境，才能給予最適當的調整方向與改善建議。

一、未能對接就業發展導致學用落差問題

幾年前一則「博士改賣雞排」的新聞引發討論，「浪費資源」、「學用不合一」等問題被提出檢討，甚至民眾認為應該課徵「教育資源浪費稅」（TVBS，2013）。雖然新聞主角因為改行而獲得不一樣的人生體悟，但也顯示出「學用落差」已是現今社會面臨的重大議題。

「學用落差」是一種教育與職業不相稱的狀況，劉秀曦、黃家凱（2011）認為學用落差應分為兩種類別，一是過度教育，二為學非所用（如圖 1.1），而這兩種情形已是

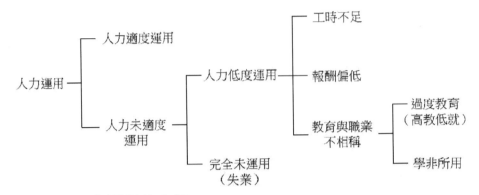

圖 1.1　人力運用的內涵
資料來源：劉秀曦、黃家凱（2011）

目前臺灣教育發展的普遍現象。以下分別敘述這兩個觀點，再說明造成此現象的可能原因。

（一）過度教育

根據教育部統計，全國大專校院畢業生（含專科、學士、碩士與博士）總計 101 學年度有 309,333 人，102 學年 311,041 人，至 103 學年仍維持 309,849 人。臺灣高中職生普遍繼續升學的比率頗高，擁有大學學歷者增加了，但相對屬於高階工作條件的位置並未增加。王立昇（2014）指出，許多畢業生在生活壓力或競爭條件不足下，只能退而求其次，不得不接受從業人員（如技藝、機械設備操作及組裝人員等）工作，此即過度教育導致的現象。

（二）學非所用

根據「『臺灣教育長期追蹤資料庫』後續調查：教育與

勞力市場的連結」（TEPS-B）在 2010 年訪談 3,000 位 25 至 26 歲青年的結果顯示，只有 50%左右的科技大學及一般大學畢業生認為自己學有所長。雖然隨著學歷愈高，學以致用的比例愈高，但是研究所畢業生仍有 34%對此議題抱持負面或保留態度（如圖 1.2）。近年來，我國教育部每年投入許多經費，支持學校學生發展第二專長、跨領域學習，企圖降低「學」與「用」之差距，以回應社會觀感與業界雇主需求。惟推動迄今，業界仍對學校培育出的人才素質與就業條件仍多有批評，學用落差、學非所用的社會現象依然存在，不禁令人反思學校的課程與教學、師資與環境到底出了什麼問題。

　　不只是大學校院，高中高職也存在學用不合一的問題。從圖 1.2 發現，高中職畢業生認為無法學以致用（含不符合和無所謂符合不符合）的比率高達 60%，專科學歷者也有約一半人數認同；傳統上，我們認為高職和專科是職業導向的教育體制，畢業生理當從事相關行業，但實際上卻非如此。且受到高教擴張的影響，高職生畢業後多選擇繼續升學，在就學人數最多的商業與管理群、餐旅群、電機與電子群中，就業比率最高的餐旅群也只有 22.9%的就業率（教育部，2016）。換言之，即使拿到學位並假設畢業後全部從事相關產業，高職餐旅群與大專的民生學門畢業生數共計 47,092 名，還是遠遠不及餐飲業的從業所需人數 305,649 人（王立昇，2014），可見其中 258,557 名空缺係由非相關科系畢業生所填補。

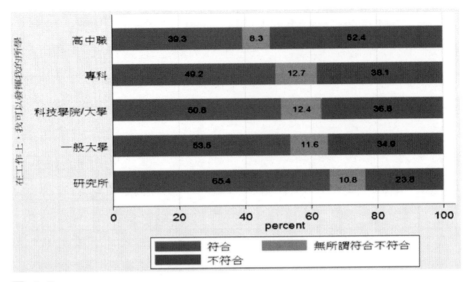

圖 1.2
資料來源：TEPS-B（2015）

（三）造成學用落差之原因

1. 產業的轉型與學歷迷思

　　為何學用落差的問題在臺灣會如此嚴重？從產業轉型的階段來看（如圖 1.3），在早期勞力密集產業時期，學歷供給能剛好符應人力需求。接著之後的技術密集時期，也就是 1960 年代開始，中階技術人力需求大量增加，高階人力需求也微幅增長，中階與高階人才供給開始出現缺乏的情形。因此，從技術密集轉型為知識與服務密集的階段，政府為因應高階人才不足而廣設大學校院，卻未料大學擴張的速度超過產業轉型的速度，造成高階學歷的供給超過產業對於高階人才的需求（劉祖華、劉豐瑞，2014）。然而，

廣設大學所造成高階學歷的增加，並沒有完全對應到高階技術所需要的能力供給（下段會說明此觀點），因此依然不足以提供市場上高階技術人才的需求，反而導致基層人力在學歷迷思的影響下漸漸消失，產生基層人力不足，而高階學歷過多卻還是缺乏高階人才的弔詭現象，再加上產業內部的人才培訓仍然無法消弭這之間的學用差距，使得問題日益嚴重。

2. 高學歷不等於高能力

從學校端而言，高階學歷人口大幅度的增加，但依然無法有效供應現代產業人力需求的原因在於，大專以上的科系與教學內容隨經濟發展和產業結構改變而調整的幅度十分有限（于國華，2013）。產業發展過於快速，學生在學期間所學的課程內容趕不上產業的轉變和要求，因而所學無法為產業界所用。行政院經濟建設委員會（2010）即指出，高等教育的學習內容欠缺社會軟實力的培養。由前一節的內容即可得知，軟實力的養成已是國際趨勢，而臺灣目前的教育不僅是技術上無法與企業接軌，培養學生多元智能發展的面向亦沒有與時俱進。

再者，2011 年行政院青年輔導委員會《提升青年就業力計畫成效評估暨就業力調查研究》結果發現，核心就業力前五名分別是：

（1）良好工作態度，如時間管理、耐心、責任感、遵守紀律、自律、配合度、穩定性、正面思考。

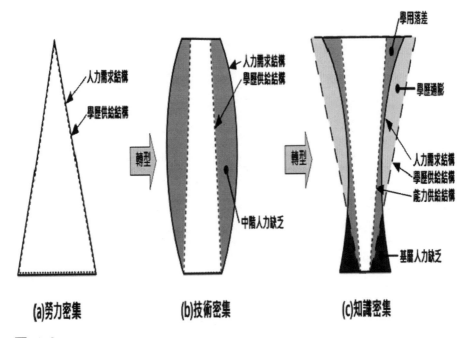

圖 1.3
資料來源：劉祖華、劉豐瑞（2014）

（2）穩定性及抗壓性，意即在面對工作壓力、困難與
　　不愉快的情況時，情緒仍能保持冷靜，不會隨便
　　遷怒別人，能適當表達自己的想法，以提升個人於
　　職場的持續性。

（3）團隊合作能力，是指在團隊工作中，清楚知道自己
　　的角色，並能尊重與接納其他成員意見，並與他人
　　共同完成工作任務和目標。

（4）專業倫理與道德，能了解並尊重職場倫理並具有
　　職業道德。

（5）表達溝通能力，即能有條理、有組織的表達自己
　　想法，並確認對方清楚了解自己的意思，且基於相
　　互了解，能一起進行討論與協商。

　　在學校裡，或許有開設道德倫理等相關課程，但卻鮮少有實際演練機會。講授式、填鴨式的教育不僅讓學生的硬實力無法在職場上充分運用，軟實力的培養更是與社會脫節。全球化的世界強調分工，一個人不可能完成所有的工作，唯有透過合作才能共存共榮。但要合作，就必須學會溝通，精確表達自己的看法，化解與他人認知的落差，這些都得仰賴溝通技巧。除此之外，抗壓性與情緒管理密不可分，從近期的社會新聞發現，現代人的情緒管理能力愈來愈差，遇到挫折不是傷害他人就是傷害自己，故強化自我心理素質，已成為當今教育重要的課題之一。

　　即使如此，教育的目的不全然是為了工作，身為社會一分子，學習社會化是必要的。在家中，父母應培養孩子健康、健全的心理素質；在學校，若能提供模擬真實社會的學習環境，跳脫舊有的教學模式，從生活經驗出發，培養學生具備社會職場和終身學習的硬實力與軟實力，在學習階段即塑造其成為社會所需的人才，這樣不僅能減緩學用落差的情形，還能讓學生了解學習的目的不在於成績的追求，而是為了活出更美好的未來。

二、學生學習動機低落導致學習成效不佳

（一）學習動機的意涵

學習動機（learning motivation）是指引發學生學習，維持學習，並導引該學習動力趨向於教師或個人所設定目標的內在心理歷程。Stipek（2001）認為，學習動機是學生在學習方面的成就動機，亦為個體追求成功的一種心理特質，更是影響學業成就的主要因素之一。不同類型的學習動機可預測不同的學習成效（Hsieh, 2014）。本質上，學習動機有兩個類型，若是受外在環境因素影響而成的，則為「外在動機」；若受本身內在需求而產生的，即為「內在動機」。這兩種動機在學生身上皆有，只是比例不同（張春興，2013；Zhu & Leung, 2010）；而且學習動機會受到學生特質、教師教學風格及社會環境等影響而產生動機高低的變化。

1. 內在動機

「內在動機」被認為是「學生享受學習的動力，其特點是熱情的任務參與，想體驗新奇和冒險、追求卓越、努力理解東西、想改進和達成任務目的」（Ryan & Deci, 2000: 208）。如果學生對某個議題感興趣，他們會投入於研究的過程，努力地找出答案，甚至追求卓越。Vallerand、Pelletier、Blais、Briere、Senecal 與 Vallieres（1992）試圖將「內在動機」分為三種具體型態：（1）「知道」（一個

人從事一種活動以獲得在學習或嘗試新事物時經歷的快樂）；（2）「完成事情」（一個人從實現或創建某事中獲得滿足）；和（3）「體驗刺激」（從參與活動中獲得刺激的感覺）。Vansteenkiste、Simons、Lens、Sheldon 與 Deci（2004）發現，有內在動機投入的學習，行為比有外在動機投入的學習擁有較佳的學術表現與學業成就。

2. 外在動機

相對於內在動機，「外在動機」則取決於外部因素，如獎勵、注意和讚美等。Deci、Koestner 與 Ryan（2002）曾質疑「外在動機」對長期學習的有效性。Deci 與 Ryan（1985）提出四種不同類型的「外在動機」，依據自主性的程度進行排序即為：（1）「外部調節」（external regulation）、（2）「內射調節」（introjected regulation）、（3）「認同調節」（identified regulation）和（4）「整合調節」（integrated regulation）。「外部調節」意指由外部獎勵或約束控制的行為；「內射調節」則是指避免壓力、罪惡感或獲得自尊（self-esteem）的行為；「認同調節」代表由個體判斷為重要且被感知選擇的行為；「綜合調節」是指對應於自我意識的行為。研究顯示，「外在動機」可能對學生產生積極的影響，即使學生不感興趣，它仍有利於未來重要目標的達成，例如，學生經常修習他們並不喜歡的課程，因為他們需要滿足父母或取悅朋友等其他目的（Eccles & Wigfield, 2002）。研究也發現，「外在動機」對西方世界學生學習容易產生不利影響，而亞洲地區的學生則可從內在與外在動

機中受益（Zhu & Leung, 2010）。

　　許多人認為學習行為是內在或外在動機的產物，然而，這兩種類型的學習動機對學習及其相互作用的影響向來有不同觀點。一般而言，「內在動機」被認為比「外在動機」更具影響力，並且其相應效果也趨向於持續長久。「內在動機」的優勢通常與它的本質有關，即它源自於個體內部，並且不受外部影響；相反的，學者認為「暫時」（temporariness）是「外在動機」的一個嚴重缺點，亦即一旦獎勵或懲罰不再，該種動機就會消失。Kohn（1993）亦提出「外在動機」的另外兩個缺點，即（1）外部動機的效果遞減（如果獎勵或懲罰維持在同一水平，動機會慢慢下降）和（2）傷害內在動機（獎勵或懲罰會消除人們自己做事情的天生慾望），也就是「過度辨證效應」（over justification effect）。因此，Tang（2008）建議在學校宜使用有效的策略去提高學生的內在動機，盡可能避免使用外在動機。由此可知，學習與興趣若能相配合，就是教學成功的關鍵；教師在教學時若能引發學生學習的內在動機，使其積極主動學習，其教學效果最佳且能維持較久。

（二）從理論角度探討動機低落的原因

1. 成就動機理論（Achievement Motivation Theory）觀點

　　在阿金森（J.W. Atkinson, 1960）的「成就動機理論」裡，融入了「期望價值理論」（expectancy value theory）的

概念。他認為人類的成就行為是趨近（approach）傾向與逃避（avoidance）傾向衝突而成的。因此個體在面臨追求人、事、物的情境中，其行為表現會有兩種趨向的產生，一為追求成功的傾向（the tendency to approach success），二是避免失敗的傾向（the tendency to avoid failure），此兩種傾向的強度決定個體行為的導向，也就是決定個體的成就動機。

「成就動機理論」的重點在強調個體動機的強弱，主要取決於個體對成敗經驗的預期，與個人過往生活經驗和發展過程有密切關係。當預期成功的可能性高時，個人會決定去趨近，反之則逃避。因此，欲增加成功的經驗就必須給予正增強的預期，才能有較高的學習動機；反之，成就動機低落的主因在於經歷太多失敗的經驗，致使在學習過程中未能獲得正向回饋而產生缺乏自信、被動學習等現象。另一方面，且低學習動機的學生難以自主學習，創造力的啟發也因而受限。

2. 自我效能理論（Self-efficacy Theory）觀點

班杜拉（Bandura, 1982）在「自我效能理論」中談及自我信念會影響個體對活動的選擇、努力的持續性、動機的堅持度及精熟的表現。影響個體動機的高低因素，不只是增強作用所造成，還包括其自我體認和自我效能的期待等因素。一個人對自己是否具備信心完成一項學習工作，是影響動機強弱的關鍵因素。動機高，自我效能提升；動機低，則自我效能下降，因此，Bandura 提出以下研究發

現進行探討。

（1）過去成就表現影響動機

　　個體過去的成就表現是效能期望的最可靠來源，亦即提升學生成就表現的成功經驗，可以增加其學習動機；相對地，過往成就表現如有太多的失敗與挫折，則學習動機低落，自我效能感亦會變得較差。

（2）替代經驗引導動機

　　當個體觀察到別人成功的過去及各種不同的成功模式，將會獲取較多的效能訊息，可增強其效能感並提高學習動機。所以學校可提供多元機會，讓學生從楷模中學習，並藉由分享成功的案例來影響其內在動機。

（3）口語的說服改變動機

　　由於口語說服使用上的簡便，它被廣泛地用來改變人類的行為。雖然運用說服的方法可增加個體學習動機，提升其自我效能，但口語說服所引起的效能期望可能比較微弱且短暫。再者，口語說服中的「指導語」（guide word）若為負向訊息，恐將導致學生學習動機低落。

（4）情緒的訊號激發動機

　　受到不良情緒，如厭惡、焦慮等影響者，有較低的成功期望與動機低落的問題；正增強（positive reinforcer）的激勵與真誠的積極關懷，則能啟發高度的學習動機及對成功目標的期望。

綜上分析，可進一步了解影響動機低落的可能原因，在教育運用上我們要注意這些影響因子，不可忽視。換言之，學校要激發學生學習的內在動機，提升其自我效能感，引領其找到有意義、有價值的學習目標，使其成為學生終身學習的動力。

（三）我國學生學習動機低落的現況

根據《親子天下》「國中學習力調查」顯示，五成五的國中生沒有強烈的學習動機，近六成的學生下課後鮮有意願主動學習新的知識，包含看課外書、培養興趣嗜好等。資料顯示，如果沒有考試，國中生會經常、主動閱讀課內相關書籍的比率低於三成。這種現狀不禁令人擔心，我們的教育有引領學生成為具自信且熱愛學習的人嗎？多次的TIMSS「國際數學與科學成就趨勢調查」中發現，臺灣十三歲國中生的數學和科學成績讓國際稱羨，但學生學習興趣與自信的表現卻異常低落，似乎是在「勉強」中學習。大部分學生的學習是被考試驅動，對事情與好奇的敏銳度大幅降低，且沒有太多心思對周遭環境產生觀察力或好奇心，更不用說創造力的啟發了。

我們不禁懷疑，為什麼臺灣教育教不出像賈伯斯這樣的人才？2005 年賈伯斯在美國史丹佛大學（Stanford University）對畢業生演講時即提到，自己在大學只修讀半年就休學，但離開學校前的 18 個月，他去旁聽他覺得有興趣的課，他的高度學習動機令他找回自己學習的主動權。

　　賈伯斯故事讓我們反思，成功關鍵未必在文憑，最好的學習必須出於自主，而不是「無動力」的學習，且學習動機高才有可能激發創新力。賈伯斯因為有著強烈的學習動機，這個動機就像種子般，在興趣的澆灌下發芽茁壯。儘管一開始困難重重，卻也擋不住他的學習熱忱，因此嶄新的科技產品一問世，隨即影響全人類的生活模式。

　　真正的教育應該在學生心裡播灑學習動機的種子，種子發芽後會長成什麼樣，我們不得而知，儘管微小，但卻有著無可限量的未來。人不能沒有熱情，學習不能沒有動機，不然教育只會培育出「能工作的人」，而無法養成出「臺灣的賈伯斯」。我們不能再打造只為考試而學習的機器人，這樣只會培養出被動的下一代。學習動機低落在教育現場已是普遍的問題，身為教育工作者必須深入了解學生學習動機低落的因素並設法改善，才能真正解決其學習成效不彰等問題。

三、教師工作內容與負荷量引發的疲累感

（一）高負荷工作與自我期許造成心理壓力

　　Schultz（1986）指出，百分之五十到八十的疾病與壓力有關，如果我們處在一個持續性壓力的環境，就可能產生生理或心理的各種影響，包括學習專注力降低、高度焦慮、憂鬱症等情形。2004 年中國《職業枯竭與心理健康》報告指出，從事付出性的工作，如醫師、教師和警察等，其中 20%的教師受到「職業枯竭」（job burnout）的困擾；

　　美國 78%的教師感受到心理壓力，英國也有 20%~35%者感受到巨大的職業壓力，香港教師職業壓力更是名列第二，僅次於警察。在臺灣，根據《親子天下》全國性大規模的教師調查中，國中教師的無力感遠大於國小教師，且國中教師對學生沮喪、對教學成果失望、師生關係緊張的壓力和負面情緒更是明顯大於國小教師（如圖 1.4）。

　　臺灣教師的工作壓力確實不小，其壓力源來自各方，可能是與家長的教育理念相背馳、可能是學生相互挑釁或挑戰權威、可能是行政視察或活動規劃的承擔，亦可能是社會對教師有高度的期許等。此外，工作高負荷下，教師除要承擔日常備課、教學任務外，還須肩負許多重要責任，如課業輔導、親師溝通、研習進修、觀課議課、行政支援等。除工作量多、任務繁雜外，外界對教師期望高、要求多，也是其工作疲乏的原因之一，無形中已造成教師心理莫大的壓力。

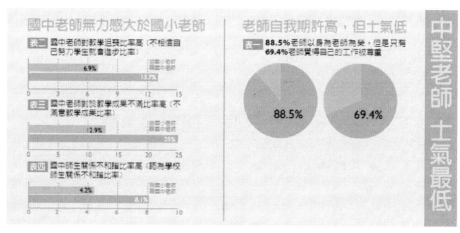

圖 1.4
資料來源：親子天下

　　從社會心理學的角度來看，教師的身分錯綜複雜，Peters（1973）認為教師在「教學」與「訓導」方面是權威，也是專家。但教師為社會工作，在學校執行任務時，除維持社會的管理，還要肩負起傳遞文化的責任，故教師具有多元身分。教師的「形式權威」（the formal authority of the teacher）是學理上要求具備的條件，這和教師的價值有關。Peters 發現教師具有雙重角色（dual role），一是社會文化中某種學科的權威，能使他人創造相關的價值；二是其負有職業訓練的責任，能幫助人選擇他的工作並接受進階教育（高廣孚，2004）。至於教師的「實質權威」（the actual authority of the teacher），即是教師在行政職務、學術研究、道德修養、學生訓導或輔導等方面所完成的實際效果。「形式權威」與「實質權威」的外延難以預期相同，因為教師常受主客觀因素的影響，並不能完全達成「形式權威」的所有要求（高廣孚，2004），且一個團體的「形式權威」和「實質權威」不一定同屬一人（林逢祺，2004）。由此可知，教師權威消長與角色定位的複雜性，應是教師工作疲乏的重要因素。

（二）親師關係緊張造成的負面影響

　　臺灣某國中教師感嘆：「新聞報導老師罵學生『遲到大王』，結果被判拘役四十天。老實說，我心都涼了，現在的師生關係是怎麼了？」某國小老師陳述：「從三年級開始，一直教到四年級下學期才知道小孩上課天天帶錄音筆錄

音，詢問下才知道這是媽媽給的作業，想知道老師上課有沒有罵她的孩子。」某公立國小教師請學生用抹布擦自己桌下的地板，只因抹布比拖把擦得更細緻更乾淨，隔天被家長控訴：「人類不是有發明拖把嗎？為什麼叫我小孩做這麼卑賤的姿勢，像傭人一樣擦地板？」

學校立場與態度亦是教師壓力的來源之一。面對狀況，教師的立場明確合理，學校也能公平公正的支持教師，使教師不至於孤立無援而對教育熱忱消失殆盡；但有時，學校為迅速平息糾紛事件，往往請教師主動放低身段，甚至不分青紅皂白，請教師先行道歉致意，但往往問題不在教師，如此消極處理讓其尊嚴掃地，只會加深教師對教育的無力感，心理的壓力遠超過生理的疲憊。其實，學校立場也是兩難，總希望事件儘快平息，但採用犧牲教師尊嚴的方式妥協，殊不知傷害的可能是教師的熱情與動力，甚至降低自己對教學的期待，並抱持「多做多錯、少做少錯、不做不錯」的態度，如此造成教師工作疲乏，態度消極令人詫愕。此問題匪淺，若不積極改善，最大的受害者將是我們的下一代。

（三）社會與家長期望對教師角色的要求

學生從國小開始就背負龐大的學習壓力，家長擔心孩子輸在起跑點，這樣的現象不僅發生在臺灣，中國大陸亦然，揠苗助長的錯誤教育方式早已見怪不怪。在上海、北京等中國大城市流行一句話：「如果從孩子出生第 3 天開始

教育，那就比別人晚兩天了。」（林韋萱，2015）這句話說明了「早教」已成為中國大都會父母對教育的期待。然而，提早讓孩子學習，若畢業後的成就與學習成績不成正比，如此汲汲營營，到頭來不也是徒勞？從「忙碌」到「茫然」，最後變成「盲目」看不清未來的方向，問題的起源已很清楚，多是因為社會與家庭有太多不合理的期望，過多的擔憂與急躁掩蓋了教育的本質，教師疲於跟上家長的期待，跟上社會的期望，也是教師工作疲乏的原因之一。

再者，教師常被賦予多重責任，扮演著多種角色。教師不再只是傳統的「傳道、授業、解惑」者，面對工作和生活複雜的定位，教師是「園丁」，學生如花草，要讓其心中的種子不被毀壞，不能摧折種子的生機。教師又像「雕刻家」，要讓學生有學習楷模可以參照；教師更是「陶工」，透過經驗與體驗讓學生多元學習。然而，不論教師扮演什麼角色，教育的核心價值應給予其合理的期待與耐心的等待。對於教師高標準的謬思，我們必須省思，且不宜再以不合理的標準來檢視教師表現了。

第二章　近來相關之創新教學法

　　本章主要彙整並比較近年幾個新的教學法，包括王政忠的 MAPS 教學法、張輝誠的學思達、葉丙成的 BTS 翻轉教室、IGCS 教育雲端教學、佐藤學的學習共同體，和夏惠汶的分段主題社會化 PTS 教學法。這些教學法有諸多共通性，包括教育需要合作，學習需要自主，讀書需要思辯，教學更要創新。教學不能再以考試為導向的填鴨模式，而是培養學生習得真正帶得走的能力，才能轉動臺灣教育的未來。

第一節　學思達教學法

一、教學緣起

　　張輝誠於 2015 年《學・思・達：張輝誠的翻轉實踐》一書中談及，他的教學理念啟蒙於愛新覺羅・毓鋆老師。毓老師期盼學生無論處在什麼位置，都要發揮最大的影響力。然而，什麼是現代學生需要的知識？什麼樣的教學才能引發學生學習興趣？張輝誠深刻感受到教育不能再繼續填鴨，因為傳統的教學，已讓學生成為教育的填充品與犧牲品。有鑑於此，「學思達」強調學生是學習的主角，看到學生神采奕奕的專心聽課，讓張輝誠決定要讓學生這樣的神情出現在每一堂課，並讓自己不會有像補習班老師的感覺（張輝誠，2015）。

二、核心概念

　　「學思達」的教學理念就是培養學生自「學」、「思」考、表「達」的能力；亦即養成自主「學」習的態度，教師設計良好的問題讓學生「思」考，再藉由不斷地追問，讓學生學會準確的表「達」並回答問題，「學思達」還可諧音為「share start」（張輝誠，2015）。

（一）教學目的

　　臺灣教育歷經多年多次改革，也確實帶動教育現場的進步，但就教改的核心目標「減輕學生學習負擔，打造健康而良好的教育現場」進行探討發現，學生負擔並沒有減少，小考文化也沒有消失，學校依然是個不健康的學習環境。其原因在於學校裡填鴨式教學不動如山，評量工具僵化落後，各項改革雖有想法卻未深入核心。然而，教育的目的應該是培養學生高層次思考的技巧、增進合作和自學能力（張輝誠，2015），對學習主動有熱情，才能產生創新思辯的可能，進而成為社會進步的動力，這正是張輝誠推動「學思達」教學的目的。

（二）教學內涵

　　如何讓學生學習化「被動」為「主動」，張輝誠提出兩個教學核心概念：「讓學生成為學習主角」、「教師要想辦法不斷誘發和維持學生的好奇心與思考」（張輝誠，2015）。

1. 讓學生成為主角：學生是課堂上擁有學習主動權的人，教師應把學習權還給學生，讓他們探究學問，這才是學習的最佳動力與本質。張輝誠認為，學問是要「學」就要「問」，所以在自學的過程中，遇到問題時，教師要激發學生主動找尋答案的動力，透過引導，讓學生自己從問題中思辨出答案。換言之，教育不僅要培養有思想的學生，更要訓練能夠表達自己論述的學生。

2. 教師要想辦法不斷誘發和維持學生的好奇心與思考：好奇心是人的天性，教學不可用考試來澆熄學生對知識的熱情。考試會讓學生無心思考，教育不應是訓練會答題的學生，而是要滿足他們的求知慾，激發其對知識的探究，進而啟發更多的智慧，讓好奇心成為創造力的泉源。

（三）理論基礎

美國艾德格‧戴爾（Edgar Dale）（2012）提出「學習金字塔」（Cone of Learning）理論。他指出，在初次學習兩個星期後，透過閱讀學習能記住內容的 10%；透過聽講能記住內容的 20%；經由圖片學習能記住 30%的內容；藉由影像、展覽、示範、現場觀摩來學習者則記住 50%；參與討論、提問、發言來學習則記住 70%；做報告、教學、模擬體驗、實際操作即記住 90%（Edgar dale, 1969）。圖2.1 顯示，金字塔愈靠近上方，代表以「教師為中心」（teacher center）的教學，也意指學生愈被動（passive）；而愈靠近下方則是「學生為中心」（student center），表示其愈主動（active）。研究發現，提高學生的自主性能讓其記憶更深刻，所以「學思達」理念根基於「學習金字塔理論」，主張教育目的在培養學生自學、思考與表達的能力。

三、教學策略

美國教育心理學家班傑明・布魯姆（Benjamin Bloom）（1956）在《教育目標分類學》中將認知目標分成六個階層，分別是「知識、理解、應用、分析、綜合、評鑑」，但2001年修訂版已將其調整為「記憶、理解、應用、分析、評鑑、創造」。張輝誠即運用此概念，建議在教學時依照學生不同程度的認知階層，進行差異化教學，尤其是特別重視「創造」的養成。由於「創造」是認知目標的最高層次，如何培養學生創造的能力，他提出三個教學策略（張輝誠，2015）。

（一）文意理解

張輝誠以身為高中國文科老師指出，從文本中引導學生的思考能力，教師的提問會影響其對文意的理解。他以「問題為主軸」的設計為例，教師需要具備準確提問的技巧，才能提高學生高層次的思考，了解文章背後意涵，進而發展「創造」能力。他強調國文教學非僅是生字語詞的

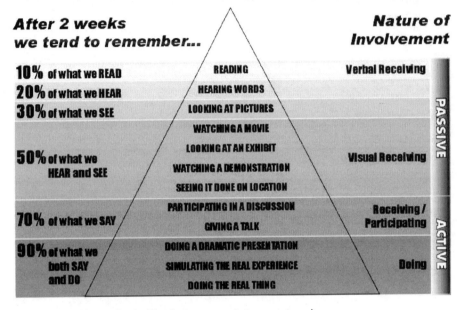

圖 2.1　學習金字塔（Cone of Learning）
資料來源：Dale, B. E.（2012）

理解，而是學習如何有架構地分析與清楚表達。學生透過
閱讀過程，除培養自我提問外，更進一步提升思維產生後
設認知的能力，以增加文意的理解，而不是以標準答案為
依歸抑或死背答案和解釋。

（二）寫作技巧

　　寫作的要點不是外在的格式或技巧，內容才是文章主
體。因此，想要訓練學生寫作能力，就應該從內容著手。
張輝誠提出兩項寫作技巧的基礎，首先要有「發現的眼

睛」，日常生活的點滴都是最佳素材，只是學生沒養成發現的眼睛；二是「深刻的閱讀」，透過閱讀讓學生整理作者如何描述情感，如何運用寫作筆法。他認為「學思達」教學法能幫助學生提升統整思考的能力，並在腦中進行思辨，進而透過表達產出。

（三）生命學問

受到啟蒙老師的影響，張輝誠重視「德行」與「生命」的體悟。他認為這兩者才是教師應傳授給學生的教育價值，「傳統課本在教的只有四分之一的含量，但我教他們的是四分之三。」（張輝誠，2014）；亦即教學要有「生命力」，教師給學生的是「生命學問」，而不僅是考試準備與重點整理，更要找出文本的價值。

四、教學流程

葛拉格與亞斯納（Gallangher & Aschner, 1963）曾表示，「提問」是最常被用來檢視學生是否理解文本內容的策略。「學思達」的核心要素是以「問題為主軸」的翻轉模型；問題的內涵是「一個問題刺激思考」、「一個問題讓位置對調」和「一個問題讓講述權轉換」（張輝誠，2015）。故教學過程中，他重視問題的探問，問題的答案並非由教師講出來，而是透過不斷的詢問，讓學生自己思考出答案。因此，他以問題為核心，發展出以下的教學流程。

（一）學生自學

上課前給予學生補充資料，使其養成自主學習的能力和分類文章的本事。了解為何老師要給這些資料，進而自己再尋找相關文本內容。

（二）思考問題

教師設計良好的問題，製作以「問題為主軸」的講義，根據想讓學生學習到的內容設計問題，運用問題刺激思考，透過問題的思辨來引發學生「自我概念」與「自我對話」的能力。

（三）組內討論

透過「異質分組」方式，讓學生進行小組討論，學習歸納整理自己的看法，並在組內分享。藉由分組討論，除可促進合作學習，更能提升學生自信感。

（四）上臺表達

抽籤讓一位學生代表小組上臺發表，其餘各組的組長進行評分，如果有學生不敢說話，可請組內同學協助。這是一種「組內合作，組外競爭」的方式，張輝誠的靈感起源自「中國好聲音」既合作又競爭的形式，來增進學生學習動機。

（五）教師補充

　　教師扮演統整與引導的角色，適時進行資料補充與價值澄清，並引發學生省思。教師透過設計適當的問題，來增進班級學習氛圍，探究知識和啟發生命學問是「學思達」教學流程裡最後要統整的核心概念。

五、效益與限制

（一）效益—自學、思考、表達的能力

　　「學思達」教學主要在培養學生的自學能力，包括自主探究知識的動機及統整思考的能力。教師教學時強調「問題為主軸」的教學模式，讓學生學到高層次思考技巧，更從「組內合作、組外競爭」方式，讓學生學習合作與表達自己的想法。最後，學生能夠當評審，讓學習位階變得更高，提升學習的視野，以達到學習的最大效益。

（二）未來可能的限制

1. 學科限制

　　「學思達」教學法在數學或科學等科目的執行恐會面臨較大的限制，主要是因為這些學科較仰賴教師的示範、解說或解題。不同於國文科可透過自學方式來學習，社會領域可藉由閱讀大量文本進行統整思辨，自然領域或數學科則不見得適用該教學法。

2. 教師特質限制

　　「學思達」教學法需教師具有設計問題的專業，並從問題中找出學生的迷思，以引導其發現問題。然而，並非所有教師能有類似的訓練與特質，故採以其教學法的教師，需接受相關發問技巧養成與進修。

第二節　BTS 翻轉教室

一、教學緣起

　　在強調成績為重、升學第一的教育氛圍下，學生多是被動學習，也習慣交出標準答案的成績單。因此，葉丙成開始對既有的教學模式產生質疑，尤其在面對科技發展、資訊融入教育，未來工作有可能被機器人取代的危機，台灣的課程與教學還能一成不變嗎？

　　葉丙成深受父親對生徒的關懷，體會教學的價值來自於幫助他人獲得成就。「老師是除了醫生（留下傷疤）之外，能夠在人的生命留下軌跡的工作」，此即是影響他日後成為教師的關鍵因素（親子天下，2014）。透過對教育的熱忱，更對當今教學問題與改善產生使命感，故發展出「BTS 教學法」。

　　葉丙成在 2015 年《為未來而教》一書中提及「BTS教學法」的靈感來源。他指出，班上學生在上課時睡覺一事，讓他感觸極深無法入眠。他覺得教學法不能再一成不

變，否則學生將失去學習的動力與機會，因此想到「For the student! By the student! Of the student!」的教學理念。他認為，教育應該是為學生而教、讓學生自主學習、樂於學習，並將知識轉化成行動能力，故發展出 BTS 翻轉教室，成為臺灣教育另一典範。

二、核心概念

BTS 教學法以「By the Student」字首之 BTS 命名，表達其為「勤學、自學、樂學」概念。葉丙成有感於時代變化日新月異，網路興起，資訊傳遞的速度加快，「能力比知識重要」、「能力比學歷重要」是為一種趨勢。未來世界競爭需要的能力是自主學習新知的能力、面對未知變局的能力、獨立思考判斷的能力，及表達行銷自己的能力（葉丙成，2015）。他希望透過 BTS 教學法來促進學生實力養成，而不是一張文憑就以為足以應付社會要求與雇主期待。

（一）教學目的

「BTS 教學法」目的不在對抗非體制教育，而是發展出新的方法與操作模型，以成為主流教育的範例。他的教學目標不在培養資優教育，而是教學生如何學習，找出自己的學習方法；亦即引發學生學習興趣、求知若渴，而不是一味地灌輸知識。葉丙成認為 BTS 在培養學生成為「Learner, Doer, Communicator, Connoisseur」，而這就是此

世代學生應有的條件與能力（葉丙成，2015）。

（二）教學內涵

　　葉丙成相信在未來二十年，真正能生存下來的年輕人，必須具備四種能力：「會思考」、「會表達」、「會自主學習」、「會面對未知的變局」。眼下的世界變化快速，一紙文憑已無法面對未知且多變的未來，因此他進一步提出六個學習軟實力，即成為 BTS 教學法的關鍵內涵。

1. 找資源的能力

　　教學中重視培養學生學習自己解決問題，自己尋求資源。不管是物質資源、社會資源抑或人脈存摺，都應積極主動尋求，而不是依賴教師幫忙備妥資料。學生若不管資訊正確與否，無條件接受並消化這些資訊，只為求得考試通過，這樣的學生會忘記如何探究學問與尋找資源。因此，BTS 教學過程中強調引導學生學習如何找訊息和找線索，而不是背答案。

2. 交朋友的能力

　　單打獨鬥的時代已過去，現在唯有團隊學習，彼此合作才能發揮最大綜效，才能在混沌的未來生存。然而每個人都是獨一無二的個體，學習如何與不同的人相處，如何交朋友，是教學中需要引導發展的。葉丙成藉由分組討論方式，讓學生互相學習彼此的特長，有些人適合領導決策，有些人具備高執行力，有些人則對情緒有著細膩的敏銳

度，能察覺他人的心情，團隊中人人各司其事，從「競爭」的教育走向「共生」的學習。

3. 盱衡情勢合縱聯盟的能力

在組織中難免會有相處問題，如何看清楚事情的真相，瞭解其背後的意涵；如何盱衡情勢，而不隨波逐流；如何合縱聯盟，而不盲從跟隨，這些都是教學中透過團體學習引導學生習得的重要能力。

4. 發現關鍵問題的能力

瞭解關鍵問題，搶佔先機，才能贏得成功。然而關鍵點常常在小地方被人忽略，教導學生如何透析細節、發現關鍵，往往就能找出真相並解決問題。

5. 如何讓人印象深刻的能力

如何讓別人對自己印象深刻，是未來社會人需加強的能力。近年「故事行銷」的概念相當流行，因為人們愛聽故事，所以藉由說故事來行銷自己，故事讓人「聽得懂、記得住、傳出去」，是一種「感性的行銷」。教師在教學過程中，也應該提供學生上臺發表的機會，讓他們練習表述自己、發問問題，使其養成讓人印象深刻的表達能力。

6. 行銷創意的能力

行銷自己的創意，除運用上述「故事行銷」外，亦可搭配「大數據」（big data）概念，透過數據/事證為本的分

析模式，瞭解問題所在與決策關鍵，提供學生發揮創意的舞臺，而不是僵化的知識內容。

三、教學策略

BTS 教學法以「Learn by the student, Assign by the student, Grade by the student」為核心理念進行教學設計；透過「學生自己學、學生自己出、學生自己評」的方式進行課程設計。葉丙成重視學生自主學習的能力，因此，他提及教學過程中，若幫學生準備完整的教材資料，將會降低其學習探究的興趣與能力。相對地，若讓學生看到學問演化的過程，甚至讓學生自行演化探索，將有助於他們對課程的掌握與繼續深究的動力（葉丙成，2015）。BTS 的三個教學策略如下。

（一）學生自學（Learn by the student）

為促進學生自己學，葉丙成設計「BJ-Online」「PaGamO」線上遊戲競賽方式，讓學生在線上互相攻略對方的題目，其規則為攻破愈多題，在地圖上就會跑得愈前面。這種藉由同儕的壓力競爭來激勵學生學習，其效果在作業品質上明顯可見。此外，他在教學上也運用課前的影音錄製，錄影教學不僅讓學生反覆觀看加強印象，還可減少教學現場重複講述造成耗時等問題。再者，作業即於課堂結束前完成，也減輕學生學習負擔。透過「Learn by the student」學生將自發預習，

葉丙成發現可避免學生缺課、作業亂做、抄襲或學習不扎實等問題（葉丙成，2015）。

（二）學生自我規劃（Assign by the student）

葉丙成在課堂上讓學生自行分組討論教學內容、自己出題目、分享人生經驗或上臺報告，教師則扮演引導者與協助者角色，鼓勵學生發現問題、表達問題並試著解決問題。他指出，問題可透過團體合作方式來解決以達成學習目標，重點是要培養學生團隊向心力與團體分工時如何進行決策領導，始能達成「Assign by the student」的目的。

（三）學生自評（Grade by the student）

為引領學生進行自評，葉丙成研發「數位學生報告互評系統」（Electronic Peer Evaluation System，簡稱 EPES），報告成績即由同儕相互評比。如此，臺下學生得專注聆聽同學報告，而臺上學生則運用表達能力以獲得同儕的認同，增加自信心。葉丙成的概念是，運用「學生自評」的方式來進行學習驗收，能讓學生了解什麼是合理的表現，如此一來，教師就未必是成績分數的唯一給予者。

四、教學流程

《為未來而教》談及「BTS 教學法」包含瞭解、引導、觀察、學習等四種能力。BTS 基本上是一種「教」與「學」

順序顛倒的教學模式；在教學過程中，學生必須透過瞭解、引導、觀察才能有效學習，所以其必需在課前預習、觀看影片，在課堂上教師針對問題講評，並充分給予學生「說話權」和「表達權」。

（一）教學前準備

1. 開臉書（Facebook）社團：運用科技傳媒，讓學生能即時獲得課程訊息及同儕的學習動態，以增進彼此感情的聯繫。

2. 學會使用 Google Form：教師利用 Google 表單設計問卷，學生用自己的智慧型手機或平板電腦作答。教師即可在 Google Document 網站上查看學生作答完產生統計數據的試算表，作為成績計算之用，也可減少作業批改時間與紙張的浪費。

3. 準備一臺實物投影機：讓上臺講解題目的學生可以分享自己的資料。

4. 將學生進行分組：BTS 最重要的策略之一就是學生分組。組與組間互相學習，小組內成員彼此合作，成績共享。

5. 確認每組都有可上網的行動裝置：各組均須有一個可供上網的行動裝置，以便填寫課程中看片進度、題目互評分數等 Google 表單，但亦可用紙本替代。

（二）教學中流程

1. 確認學生看得懂影片內容，教師回應提問並引導思考；
2. 學生將預習狀況回填至「影片預習進度回報」Google 表單；
3. 學生開始做題，教師則進入各組觀察學生狀況；
4. 學生進行解說，此舉亦為小組加分策略；
5. 老師講評給予建議；
6. 學生訂正作業；
7. 小組交換批閱、小組登錄成績至「課堂評分回報」 Google 表單。

（三）教學後的互評與總結

　　葉丙成研發的「數位學生報告互評系統（EPES）」，讓學生運用不同面向進行互評，從上臺儀態、音量大小、時間控制、報告內容與吸引度等層面進行評論，最後再由教師進行總結，必要時可進一步延伸教學進行補強。

五、效益與限制

（一）效益—用科技改變僵化教學

　　BTS 主要效益是善用科技軟體，來引發學生學習動機，透過線上遊戲互動，學生擁有自學機會，並按照課程進度進行自主學習。此外，教師教學時可從學生發問和解

題過程中，了解其學習困境並即時補救教學。再者，BTS
教學法讓教師不用花太多時間批改制式作業，而是採學生
自評或互評方式進行學習評量，不為傳統考試和教學法束
縛，學生就能擁有靈活創新的頭腦。

（二）未來可能限制

1. 學生方面

　　翻轉教室會使學生抗拒嗎？有些中小學教師在運用
BTS 教學法時，因為擔心學生沒有認真看影片，自學狀況
無法有效掌握，故增加作業來檢視學習成果，反而加重學
生負擔，這恐怕是 BTS 教學法在運作過程時意想不到的限
制。有鑑於此，教師心態亦須隨之翻轉，否則即使採用 BTS
於課堂中，怕又造成更多學生學習問題。

2. 家長方面

　　面對傳統教學，BTS 讓家長擔心學生運用網路影片預
習、小組學習，這樣的教學法真能使學生自主學習，更有
成效嗎？另外，知識技術需要講解，透過媒體科技教學能
教導學生扎根知能嗎？看來要改善過往被動式教育、考試
計分模式，家長的教育思維也須與時俱進，同步調整（葉
丙成，2015）。

3. 硬體設備

　　BTS 即為仰賴科技媒體來進行教學運作。因此，對資

源缺乏（如網路、電腦硬體設備等）的學校及師生而言，這種翻轉教室的教學法即為一項挑戰。

第三節　MAPS 教學法

一、　教學緣起

1999 年臺灣南投發生震度規模 7.3 強震，震出許多悲痛，卻也激發更多教育愛心。一句「老師，你會不會回來」打動王政忠，讓他決心留在南投，努力解決偏鄉學生學習困境。透過「MAPS 教學法」，他讓學生在課堂上掌握「學會」與「會學」的能力（王政忠，2016）。在《我的草根翻轉：MAPS 教學法》書中提及，「我有一個夢，希望讓所有在臺灣還沒有被專業和公平對待的孩子，都能得到他們本來就應該擁有的受教權。因為我清楚地知道，唯有在地力量的崛起，才是翻轉孩子學習樣貌的根本。翻轉的意義不在載具、不在科技，而是在地力量的投入與意願。這個過程最重要的不是：『老師，你會不會回來？』而是讓這些孩子，每一天都能得到專業而公平的對待。」（王政忠，2016）。也因為這份堅定的心，他替「無力」的教學現場，注入許多愛與活力。

二、　核心概念

王政忠強調教師給學生的不是生產機器般的知識，也

不是分數競爭的排名，而是不放棄任何一個學生，不讓他們落後，帶好每一個人，使他們在感動中完成學習的教育熱忱。

（一）教學目的

教育家斯普朗格（Spranger）說過，「只有在愛的溫度裡，教育才能成功。」但王政忠認為，以愛為出發的教育還不夠，還要提升學生學習動機，培養其讀書原動力，這些都需要教師智慧的引導。就在不斷的省思和嘗試後，他發展出一套以「學生為中心」的「MAPS 教學法」。

MAPS 教學目的是要改善偏鄉地區學校 M 型化的學習落差；透過鷹架和心智圖等方式，引導學生統整分析知識系統，讓學生找到屬於自己的學習方法。另一方面，王政忠強調學生學習主動能力的掌握，因為讀書這件事「不想比不會更糟糕，不動比不懂更可怕」（王政忠，2016）。

（二）教學內涵

「MAPS 教學法」是透過不同的哲學取向進行教學設計。王政忠受到英國培根（Bacan）的影響，認為學習不可以像「螞蟻」，只知道搬運知識，堆積自己所學，但卻沒有消化知識，致使無法產生學習的價值。教育也不可以像「蜘蛛」，只知道建構思想網絡，守株待兔地等著獵物上門，就像是畫著藍圖，卻沒有主動執行的能力。他認為，教師教學應引領學生「蜜蜂」式學習，因為蜜蜂能分工合作外，

更會主動吸取花蜜，並從吸取的精華中產出香甜的蜂蜜。因此，「MAPS 教學法」讓學生成為「學習的主角」；亦即透過有系統的教學模式，讓學生在課堂裡學會「如何學習」，再透過小組合作、心智圖架構來帶領學生整理知識脈絡。

此外，王政忠亦自創 MAPS 版的教學金字塔，愈接近底層，學習效果愈大。金字塔的頂端是「聽講」，雖然「聽講」不是最容易消化知識的方法，但他認為教師的講授不可忽視；其次是「閱讀」，閱讀是心靈的沉澱與自我的對話，能引導學生運用自問自答方法，提升對文本的理解；三是「視聽」，亦即運用影音功能來連結學生的舊經驗；四是「示範」，唯有透過教師示範，才能讓學生清楚瞭解如何操作；五是「小組討論」，藉由教師引導學生合作學習來進行有意義的討論；六是「實作練習」，他是實際操作心智圖進而轉換內化為自己能力的關鍵；最後，金字塔的底部是「教別人」，教會別人除可讓自己對知識概念更加清晰外，學生透過教的過程亦可釐清自己或他人的盲點，也藉機培養其表達能力。

（三）理論基礎

如圖 2.2 所示，「MAPS 教學法」是將「心智繪圖」（Mind Mapping）、「策略提問」（Asking Questions）、「口說發表」（Presentation）和「同儕鷹架」（Scaffolding Instruction）四項元素放入教學中。透過異質分組讓學生建構同儕學習，再經由教師提問策略，來引導學生繪製他們學習的心智繪圖，最後藉由口說發表來了解學生學習情形，教師亦

圖 2.2　MAPS 教學策略

資料來源：親子天下，2016。https://www.parenting.com.tw/article

適時提供價值澄清與指導。

三、教學策略

　　「MAPS 教學法」的四個教學策略旨在引領學生課堂小組共學，課堂外自主學習，亦即教育學生學會「如何學習」的能力。四個基礎核心理念運用在該教學策略的說明如下。

（一）同儕支持相互學習

　　為處理學校常態編班下，個別學生學習起點及動機高低

落差等問題，「MAPS 教學法」透過同儕鷹架理論，採「異質分組」的合作學習模式。分組初期會藉由提問題型的設計和代幣制度的增強系統，讓中低學習成就學生獲得組內中高學習成就學生的及時協助，同時促進中高成就學生以教會他人來進行更高效能的學習。合作學習模式進入中期，「MAPS教學法」有獨特的抽離自學方式，用以維持學習進步學生的學習熱情，並產生下一個組內的領導者，確保合作學習持續發生，以達成在合作後期，班上大部分學生都能進入獨立自學的氛圍（王政忠，2016，p.95）。

（二）透過提問引發思辨

　　MAPS 的提問策略是由教師根據文章內容設計出有層次的問題。透過課堂提問與解答的過程，幫助學生擷取並理解文本訊息，並試著解讀作者觀點。此外，教師亦須教導學生建構不同的閱讀策略，使其能運用文本的「訊息」和建構的「能力」來處理更高層次的問題，逐步形成讀者觀點，以培養學生具備解釋與思辨的閱讀素養（王政忠，2016，p.96）。

（三）藉由結構圖協助學生釐清觀點

　　心智繪圖在此教學法是協助學生建構讀者觀點的重要工具。MAPS 的 Mind Mapping 與坊間用來協助記憶或擴散思考的心智圖像不太相同；他是經過設計轉變成可「脈絡化作者觀點（擷取/理解訊息）」、「結構化讀者觀點（解釋/思辨訊息）」、「文字化抽象思考（仿寫/短文寫作）」，並允

許以線條或箭頭聯結形式，將段落架構在互相呼應下，逐一獨立分隔出來（王政忠，2016，p.96）。王政忠希望透過環境營造，如搭建鷹架、文化刺激等，使學生學會基本能力，增進他們學習動機和學習成就的機會。並在完成心智繪圖〔我看（I See）/我覺得（I feel）/我認為（I think）〕後，學生能進行口說發表與評論工作，用以驗證和精熟閱讀理解（王政忠，2016，p.96）。

（四）利用口說發表來提升學生表達能力

MAPS 會透過口說發表的策略，來了解不同程度學生的學習成效；亦即利用各組學生上臺發表心智繪圖的機會，教師驗證透過同儕相互指導，被指導的學生是否真的學會（王政忠，2016，p.97）。王政忠指出，當學生進行口說發表時，為提升學生的評論能力，教師需要求臺下學生學習聆聽，以進入合作學習後期的「學生提問學生模式」。同時，隨著合作學習進入中期的抽離自學，課堂內呈現共學與自學並存的差異化教學，口說發表也會隨著出現學習任務的差異性（王政忠，2016，p.97）。

四、教學流程

「MAPS 教學法」是以「差異化教學」為核心來進行教學流程的設計，共計有四個循環階段，其目的在提升每個學生「學會」和「會學」的能力。

（一）前測暖身

　　為了解學生是否有課前預習，確實能主動為課程做好準備，教師須事先進行簡單的前測，從前測表現來了解學生的先備知識與學習條件。更重要的是，藉機養成學生自學與負責任的學習態度與習慣。

（二）小組共讀

　　從學生異質分組中營造學習氛圍，配合同儕相互支持，培養其「共學」到「自學」的能力。班上每四人為一組，組內學生分別扮演「教練」、「明星球員」、「老闆」和「黑馬」等角色，以利教師給予不同的學習任務，達到「差異化教學」的目的（王政忠，2016）。

（三）基礎提問

　　王政忠將問題分成「暖身題」、「基礎題」和「挑戰題」三類，透過有技巧的提問方式，由淺入深地引導學生建構知識。教師提問時會根據題型的難易度，分配給組內不同的角色，並以漸進方式領引「黑馬」學生答出「挑戰題」。這種策略讓學生在安全的氣氛下，試著突破自己的學習現況，也提升他們的學習成就感。

（四）心智繪圖

　　教師藉由「我看」到「我覺得/我認為」概念的引導，

讓學生共同繪製出文本的心智圖，建立系統性概念，自行組織課文內容，並試著找出關鍵字詞。學生在繪出有架構的心智圖後，即可在每個主題旁適時地寫上自己的想法與感受。

（五）口說發表

教學歷程進入小組發表時，由各組學生開頭介紹主題與架構，接著針對每一脈絡與訊息進行解釋說明，最後再由擔任「教練」或「明星球員」角色的學生進行總結或補充。報告時間至多不超過四分鐘，藉機訓練學生擷取要項、說重點的能力。

（六）挑戰提問

學生在提問問題時，教師與學生應遵循「三明治評論法」，即「讚美—建議—鼓勵」模式，充分給予發問者積極的肯定與正向的回饋。最後，再由教師擔任總評或補充工作。

（七）自學作業

學生從「共學」到「自學」的抽離過程並不容易。教師在此階段得逐漸加強學生主動求知的意願與機會，才能真正翻轉改變學生被動學習的習慣。換言之，學生分組合作時，透過「實作練習」到「教別人」的歷程，這些「教練」學生即可與需要共學的學生慢慢抽離，使其自學完成學習工作。

（八）PISA 後測

王政忠透過 PISA 後測來協助教師檢視教學成效和審視答問技巧，並藉以了解學生學習狀況，再進行下一個進程。一樣以「差異化」為核心的教學策略，使學生獲得真正的理解，不讓任何人落後。

（九）總結後測

教師須進行最後的統整工作並總結各組重點，並於講評後立即討論學生錯誤之處。透過再次釐清問題的概念，以達成 MAPS 在驗收成果與補救教學的成效。

五、效益與限制

（一）效益─逐步漸進引領學生一同成長

MAPS 是一種從易至難、培養學生獲得系統性知識的教學法。王政忠在他的教學驗證下，確實有效地將學習落後的學生帶上來，他透過小組裡角色扮演，來提升學生上臺表達的能力和學習成就感，增添學習歷程中的趣味性。此外，MAPS 達到「差異化教學」成效，讓教學現場充滿共學氣氛；學生持續閱讀的結果，不僅提升自我探索與對話的能力，也建構出屬於自己的知識網絡與未來自主學習發展的可能性。

（二）未來可能限制

1. 學科的侷限

「MAPS 教學法」是針對國文科進行的教學設計，適用於社會科學，但操作在自然領域時恐易受到限制。尤其是心智繪圖，並非每個科目或單元都適用。

2. 教師領導風格

教師是一高自主、高專業特質的個體，每位教師的班級經營與問答技巧皆有其獨特性。因此，不同教育理念、不同領導特質的教師，在使用 MAPS 後，恐會產生不一樣的教學效應與結果。因此，MAPS 教師需在教學上有滾動修正（rolling amendment）的能力，適時調整策略，使能因應常態分班下，學生學習落差大和先備條件不足等困境。

第四節　學習共同體

一、教學緣起

學習共同體是由日本佐藤學所提出的教學法，是為解決自 2002 年日本實施「寬鬆教育」政策後，學生學習動機低落、缺乏對學校歸屬感等問題。過去「寬鬆教育」的實施是為了減低學生壓力，不強調學業成績與競爭，然而實施政策後，學生的程度落差更加嚴重，為此佐藤學開始推

廣「學習共同體」概念，主張「協同學習」才是 21 世紀教育的新出路（賓靜蓀，2012a）。

二、核心概念

（一）教學目的

　　「學習共同體」的教學目的不在於知識內容，而是學生「思考」與「如何學習」的能力，佐藤學認為，教學不應是教師對學生單方面知識傳遞，而是透過引導方式，使學生自行建構自己的思想。對於學校的定義，也不再是傳統只有學生才能學習的場域，他是教師、家長、社區人士都能彼此交流成長的空間，因此，家長與社區人士參與學生學習是「學習共同體」的一大特色（余肇傑，2014）。

（二）教學內涵

　　「學習共同體」係由三個活動系統組成，包含「教室中的協同學習」、「教師構築的同僚性」和「家長及地方居民協力改革的參與學習」（黃郁倫譯，2013），三個系統分述如下。

1. 協同教學

　　佐藤學強調「協同學習」的教學活動並非學生間互相學習，而是透過學生分組並交付任務，讓學生在小組活動中為彼此搭建學習鷹架，激盪思考火花。此外，在教師研習時亦

可使用「協同學習」模式，來建構彼此間教學專業發展，如此一來，全校師生均得以獲得高品質的教與學內涵。

2. 教師同僚性

　　佐藤學對教師的定義，不像傳統認為教師是知識的傳遞者，他主張其應為「學習的專家」，在學校中不斷學習增進教學專業，教師間相互協助與討論，共同交流成長，以提升彼此教學品質，這種教師間建構自己的學習共同體的概念，即稱為教師的「同僚性」（黃郁倫、鍾啟泉譯，2012）。歐用生在《學習的革命》一書中提到「授業研究」活動，即是教師「同僚性」的一種展現。教師針對一個單元的教學安排，一起分析教材、教法，共同備課，接著公開授課，之後再對教學過程中發生的現象與問題，進行討論和反思，藉由此種「授業研究」方式進行教師專業學習，比起教師自我進修或參與講述式研習活動更有效果（黃郁倫、鍾啟泉譯，2012）。

　　圖 2.3 即為學校推行教師「授業研究」三部曲的循環與操作：「共同備課」、「公開觀課」及「共同議課」（宜蘭縣國教輔導團，2015）。

3. 家長及地方居民參與學習

　　除學生、教師建立「學習共同體」外，校長、學校行政人員、家長、社區民眾亦是學校共同體系統中不可或缺的外圍支持要素。佐藤學認為，教師與外圍團體（家長、社區民眾等）的關係，深深影響著學校的改革實施；亦即當外圍團體對學校教師產生不信任時，會阻礙學校推行各

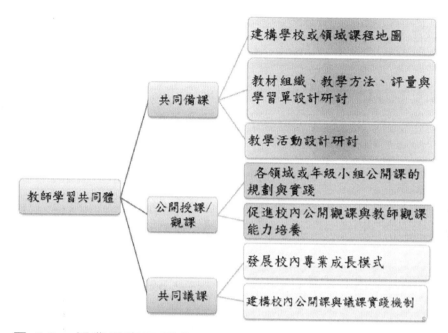

圖 2.3　授業研究三部曲
資料來源：修改自宜蘭縣國教輔導團（2015）

類教育改革。為克服此困境，佐藤學提出「參與學習」方式，他認為唯有讓家長及社區人士感受到學習是大家的「共同責任」，讓他們與師生一同規劃學習活動，參與學校改革，才能真正發揮家長與社區的功能，並支持學校進行教學改革（黃郁倫譯，2013）。

　　上述三個活動系統要能有效運作，尚需滿足「對話式溝通」這個條件。因為唯有「互相聆聽的關係」才能形成對話，而對話便是「學習共同體」最重要且不可缺少的運作關鍵。

（三）理論基礎

　　根據黃郁倫、鍾啟泉譯（2012），「學習共同體」有三個哲學理念，包括「公共性哲學」、「民主主義的哲學」和「追求卓越的哲學」，以做為發展與推動基礎。

1. 公共性哲學

　　「學習共同體」對於學校空間的概念是開放的，佐藤學認為教室不只是屬於教師與學生，更是整個社區的公共空間。教師一年應至少開放一次自己的教室，讓校內或校外其他教師、家長及社區人士參觀；教室成為公共空間，並不是要大家來評鑑教師的教學好壞，而是讓大家彼此觀摩、互相學習，藉以精進個人教學的專業與品質。

2. 民主主義的哲學

　　「學習共同體」的民主哲學與杜威所認為的民主概念類似，皆認為民主就是給予成員平等地位交流的權利。將此概念類推到學校，即是與學校有關的每個人都有表達自己意見的機會與權利。在推行「學習共同體」的學校裡，校長、教職員、學生、家長、社區人士都是學校的主人，大家的地位都是平等的。

3. 追求卓越的哲學

　　「學習共同體」認為教育內容、資源和品質不能因學生成績不好、家境不好等理由而有所降低。換言之，追求卓越是教育工作者最高的教育目標，即使受教者的表現不

盡理想，學校也要盡力提供最好的課程內容與教學品質。

三、教學策略

　　佐藤學採用的教學策略為「協同學習」。歐用生（2013）指出，「協同學習」是以維高斯基的「近側發展區」和杜威的「溝通理論」為基礎，將個體與社會文化的對話視為建構思想的過程，而學習就發生在個體與外界的互動溝通中。在「學習共同體」的教學運作上，教師會以隨機抽籤方式，將學生分成四人一組進行學習討論（最好是男女學生各半）。小組成員彼此的地位是平等的，在問題解決的任務中能相互發問，彼此支持。「協同學習」相當重視個體的反思過程，透過分組的活動設計，讓學生彼此聆聽與對話，進而建構自己的思想。

　　此外，「協同學習」與「合作學習」並非相同概念。「合作學習」是根據學生的「能力特質」與「社會特質」進行分組，小組成員存在著能力較好與較弱的學生，而能力較好的學生需去教導學習成就較低的學生，進而形成一種上對下的權力關係（余肇傑，2014）。但「協同學習」並不強調小組成員的互相教導，因為教導僅是單方面的流動，而是重視每位學生在組內的個體價值，在平等的關係中互相支持與理解，學生在組內分享不同觀點、經驗和能力，並一起面對任務的挑戰。換言之，「學習共同體」強調學習中的合作關係，更是同儕間認識、理解與互動關係的建立。

四、教學流程

　　根據余肇傑（2014）的歸納，可將「學習共同體」的教學流程界定為 hop－step－jump 三個階段。

（1）「Hop 階段」意指進入教學活動時，首要任務在引起學生學習動機並喚起舊經驗。

（2）「Step 階段」為課程發展，主要在呈現教材並進行協同學習活動。

（3）「Jump 階段」為跳躍階段，在課程發展告一段落後，教師可安排比原本教科書更難一點的內容，並透過協同學習，讓學生進入近側發展區，以激發其潛在能力。

五、效益與限制

（一）效益—從競爭到共學

　　「學習共同體」的概念是希望以共同成長的動力，來取代原本充滿競爭的教育現場氛圍，讓學生在學習過程中，不要因競爭失敗而對學習感到無助，並打造親師生共學的環境，使學生覺得學習受到支持。漸漸地，學生在主動參與學習的過程中，會覺得所學與自己相關，使得原本學習步調緩慢的學生能夠和同學、老師建立起信任關係。雖然「學習共同體」的理念不以提高學業成績為目標，但因為提升學生學習興趣，也間接提升其學業成績（賓靜蓀，

2012b）。

（二）未來可能限制

余肇傑（2014）指出,「學習共同體」並非解決現代教育的萬靈丹,其教育理念在實施上仍受到下列三點限制。

1. 考驗教師激發學生動機的能力

「學習共同體」的教學策略為「協同教學」,如上所述,其操作關鍵在於「對話式溝通」的運用,惟「對話」是相當依賴學生「主動性」的活動,因此激發學生的學習動機即成為教師在課堂上的主要工作,且引起學生學習動機比一般教學更考驗教師的能力。另一方面,在「對話」活動中培養孩子傾聽能力也是教師在教學過程中需要注意的事項,否則協同學習的教室將淪為散漫無章的「聊天室」。

2. 挑戰考試領導教學的傳統思維

「學習共同體」的教學目標並非追求成績,而是培養溝通與思考的能力,這代表教師得一改過往考試領導教學的上課模式,家長也不能再以分數高低評估孩子的學習成效。然而,在臺灣要改變成績至上的傳統思維,並非一件容易的事,儘管十二年國教下,國中生免試即可入學,但仍對此教學法抱持存疑的態度。

3. jump 階段的課程考驗教師課程設計的能力

「學習共同體」教學流程的最後一個階段為 Jump 階

段，這個階段的教材是教師針對學生的潛在能力所設計的內容，與原本的教科書不同，屬於進階偏難內容。在設計 Jump 教材時，教師應對學生的先備能力有充分了解，注意知識的難易度，以避免學生習得無助感，降低其學習動機。

第五節　IGCS 教育雲端教學模式

一、教學緣起

由於資訊科技發達，學校的教與學不論在工具應用或訊息傳遞都產生極大的變化。隨著網路與各種數位化產品日漸普及，運用科技知識發展數位化的教育環境已成為一種趨勢，先進國家無不積極推廣，並試圖建立有效提升教與學之科技化教育場所。

近年來網路雲端科技蓬勃發展，溝通管道多元且豐富，使得人類創新能力日益提升，如此一來，教育現場的教學勢必也要跟上現代網路科技的腳步，使學生早日習慣網路的使用技巧，教師亦可透過雲端科技，設計出更加彈性且即時的課程活動。美國新媒體協會（New Media Consortium, 2011）在 2011 年即提出中小學科技分析報告指出，未來因雲端的諸多優點，雲端科技將逐漸走入教室，吳清山（2011）也認為，設計雲端教學服務平臺有助於教師發展協同學習，並更加了解學生學習歷程，且立即回饋的功能亦養成學生主動學習的能力。

在此概念下,「臺灣財團法人資訊工業策進會數位教育研究所」即開發「教育雲端教學服務平臺」（Innovative Green Cloud-based Education Software Services System，簡稱 IGCS），希望從教師課前備課，整合網絡資源開始；到課堂中教師透過雲端將備課內容下載，並利用即時反饋、練習活動、多元評量等互動功能，即時提供學生引導；到課程結束後，將學生學習歷程資訊記錄下來，做為下一次教學的參考（楊心怡、吳淑蘭，2013）。

二、核心概念

（一）教學目的

根據王世全（2000）對資訊科技融入教學目的的歸納，可整理出以下三點：「促進學生的資訊素養」、「培養學生運用科技與資訊的能力」、「提升教學品質與學習成效」。IGCS 教育雲端教學的教學目的也與之相當，目的就是要運用網路雲端與教學的結合，創造一個多元、即時且互動性高的教學環境，讓學生在生動、活潑的氛圍下主動建構知識，打造「以學生為中心」的學習環境，以提升學習成效。當然，在教學活動設計中，培養學生資訊素養與操作能力，更是 IGCS 教育雲端教學亟欲達成的目標。

除培養資訊素養與運用能力外，在教學內容方面，IGCS 亦致力於培養 21 世紀的「4C 關鍵能力」，根據美國「21 世紀技能」（21st Century Skills）中提到的「4C」，即

圖 2.4　4C 關鍵能力
資料來源：嘉義市崇文國民小學資訊科技融入教學研究團隊
（2013）

是「批判性思考與問題解決」、「有效溝通」、「團隊共創」
和「創造與創新」（如圖 2.4），重點內容說明如下。

1. 批判性思考與問題解決能力：意旨能擁有自我反思和
   辨別不同觀點的能力，懂得分析問題並找出解決之
   道。

2. 有效溝通能力：是擁有聆聽的素養與理解訊息的能
   力，能在不同情況下使用不同的方式表達自己的想
   法，也能運用多媒體與科技來進行溝通。

3. 團隊共創能力：即在團隊中，能尊重他人並積極參與
   討論、分享意見，並有能力協調分工，以及與成員妥

協。

4. 創造與創新能力：能以開放的胸襟看世界，尊重多元觀點，並用創意發想提出不同的解決策略。

（二）教學內涵

無論是網路雲端還是硬體設備，他們終究只是輔助工具。真正能創新教學、為教育注入新能量的關鍵是教學法，雲端平臺的建立不僅提供教與學的幫助，透過其特有的即時互動科技，亦可發展出一套「以學生為中心」的教學模式。因此資策會為實現多元教學互動，即設計出「IGCS 教育雲端教學模式」，以下為 IGCS 的教學內涵（如圖 2.5）（林立傑、陳冠廷、李胤禎、曹心荷，2012）：

1. 啟發（inspire）

教師必須將抽象的概念透過具體的體驗方式啟發學生進行思考，並運用多媒體技術引發學生學習動機。運作方式包含運用影片、歌曲或體驗式活動與學生生活作鏈結，其用意在使學生在學習前能連結舊經驗，積極參與，並學習主動思考與發問。

2. 引導（guide）

教師在使用雲端教學時，需不斷引導學生發表自己的想法並與同儕討論，協助學生歸納學習重點並聚焦學習主題。教師亦可透過課間提問、設計學習單等方式來引導學生思考回應。

3. 合作（cooperate）

合作是「IGCS 教育雲端教學模式」的一大重點，其關注於學生主動探索知識的過程，教師的工作即在提供一個主題或問題，並為學生營造分組討論的空間，從旁協助，讓學生自己尋求答案。常見的合作方式有分組討論、分組報告、小組競賽等。

4. 分享（share）

在課程進行一個段落後，學生需要將統整後的結論進行分享。以此訓練學生的溝通、批判思考、尊重欣賞、統整的能力。

（三）理論基礎

IGCS 教育雲端教學是一種資訊科技融入教學的模式，在現今這個資訊爆炸的時代，科技帶給傳統教育的衝擊是多元且嶄新的，這讓從事教育工作者不再只關注教學內容與目標，而是開始重視學習者認知的歷程。亦即在學習過程中，所運用的教學方式與工具已成為教育工作者重視的項目，這也是科技融入教學之所以受到教育界注重的原因。王全世（2000）追溯資訊融入教學的立論基礎，提及建構主義與情境認知兩項學理，以下分別介紹之。

1. 建構主義

教育中建構主義的關鍵原則是，個體係透過假設演繹

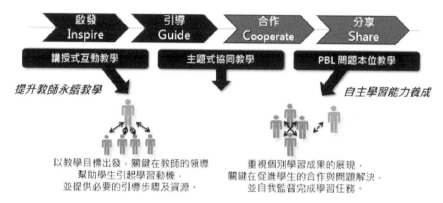

圖 2.5　IGCS 創新教學模式

資料來源：修改自林立傑、陳冠廷、李胤禎、曹心荷（2012）

推理的過程來理解世界，而學習是一個新興知識的構建過程，且新知識只能在現有知識的基礎上加以理解。建構主義主張個體與真實世界（社會）互動會影響其認知發展，透過不斷與外界的辯證和溝通，個體會主動建構出自己的知識結構。

　　詹志禹（2002）提出建構論有三大原則：（1）「主動原則」─知識是由個體主動建構而來；（2）「適應原則」─認知的作用是用來適應、經驗這個真實世界，而非發現本體的真實；和（3）「發展原則」─認知的發展是透過同化、調適、反思等歷程逐漸發展而來，新的認知基模必須是以舊經驗為基礎建構而成的。

　　因此，建構主義的教學理念是將學習者視為主動建構知識的主體，提倡教學以學習者為本位，重視學習者新經驗與舊經驗的連結，主張以「引導、互動」取代傳統單向的教學方式。若將教學與資訊科技結合，雲端的即時與互

動特性即符合建構主義取向教學的觀點。透過科技的輔助配合教師的引導，學生能藉由同儕間的分享與科技產品的有趣互動，從體驗中建構自己的新知。

2. 情境認知理論

情境認知理論是建構主義的一項延伸，承接建構主義的思想，其也強調知識是由個體主動建構出來，在建構知識的過程中，情境認知理論更注重人與情境雙向互動的歷程。王全世（2000）指出，個體透過與社會情境文化脈絡的互動，才能主動建構出知識、情意與技能；在與情境的互動中，個體能習得適應社會的有用知識，藉此解決所遇到的問題。

Stein（1998）主張教學的互動要儘可能與現實環境類似，才能使個體在互動中建構出對現實社會有意義的知識。他指出，情境認知理論的教學過程，應該包括教學的內容與歷程、情境脈絡、共同協商團體、共同執行解決問題等四點。

事實上，資訊與教學的結合，正好類似現代社會的情境脈絡，固定的知識已不能讓學生適應這個變化快速的社會，唯有教師將科技導入教學，讓學生與資訊科技情境互動並主動學習，才能使情境教學充分發揮教育功能，促進學習成效（王全世，2000）。

三、教學策略

「IGCS 教育雲端教學模式」的教學策略，即是運用「IGCS 教育雲端教學服務平臺」來打造即時與互動的學習

空間。該服務平臺能即時提供課堂上的教學支援服務，如教材教學、即時互動、評量測驗與遊戲活動等，搭配環境硬體、教師自製教學內容，並累積學生大量學習歷程，持續蒐集回饋資料，以利下次教學時予以改進。

　　採用「IGCS雲端教學服務平臺」為教學輔助工具，具有以下四項特色（資訊工業策進會，2012）：

（一）能快速整合教材與網路資源：教師可將不同形式的文件檔案，上傳到雲端平臺上，亦可同時將網路文章或影片資源整合在同一介面，提供方便的資料收集方式。

（二）提升教學資源再利用率：因將教學素材都整合到雲端平臺上，資料的提取與再利用率即會增加不少。

（三）教學期間馬上出題、立即互動：教育雲端服務使用電子白板為媒介，能簡化出題流程、提供即時的評測功能。

（四）方便教學資源交流分享：課程設計的教材資料亦可透過雲端分享給其他教師參考，平臺上經驗分享與資源交流，為師生開啟一個互動對話的管道，並且加速訊息串流與回饋功能。

四、教學流程

　　楊心怡與吳淑蘭（2013）指出，IGCS教育雲端教學模

式在課前、課中與課後階段都能夠發揮其功能，讓教師能更有效的教學，其流程如圖 2.6 所示。

（一）課前備課階段

在課前備課時，教師可透過該雲端平臺搜尋並整合與課程相關的網路資源，提出與課程相關的問題，並編輯教學活動所需的教材。

（二）課中階段

在課中階段，教師可利用各種科技載具，如教室電子白板與學生的電子書包等，立即將課程教材與教學內容展示給學生，並進行小組或個人學習。亦可利用平臺提供的互動功能出題或進行遊戲活動，學生在答題當下即可得到回饋，教師亦可立即診斷學生的學習表現與成果。

（三）課後階段

課程結束後，教師還能透過平臺將課堂中學生的學習歷程資訊，如活動成果、成績資訊等，記錄下來，以加強教師與學生對自己學習狀況的掌握。此外，透過平臺能讓學生複習所學與自我測驗，教師亦可透過平臺規劃作業或與家長意見交流。

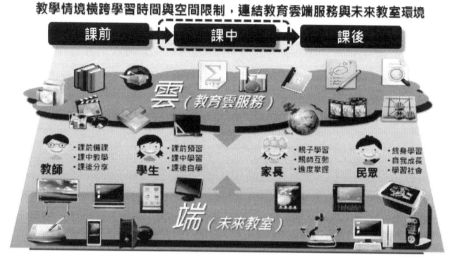

圖 2.6　教育雲端教學整合說明
資料來源：林立傑、陳冠廷、李胤禎、曹心荷（2012）

五、效益與限制

　　IGCS 透過硬體（群組電腦、個人用平板電腦、分組課桌椅）、環境設置與軟體支援（學生個人搜尋資料、小組成果、教師掌握學生狀況）（資策會數位教育研究所，2012），來打造未來教室，使學生同時學習到課程知識與軟實力。透過教學與雲端服務的結合模式，能有效提升學生的創意構想能力、課堂參與度、合作及自主學習的動力。

（一）效益—提高學生的學習興趣

　　透過科技產品的輔助，IGCS 在教學上的應用能提高學

生的學習興趣與動機，軟體即時回饋的功能也讓學生立即了解自己的學習狀況並及時改善。透過雲端平臺，學習過程跳脫傳統「老師教、學生學」的單向授課方式，也提升學生課堂參與和專注力。另一方面，需要重複練習的課程也可以透過播放聆聽或數位遊戲等方式，讓學生加深印象（楊心怡、吳淑蘭，2013）。

（二）未來可能的限制

1. 科技產品限制師生互動方式

在使用 IGCS 教學服務平臺的課程時，沒有操作訓練與經驗的教師容易將教學重心擺在科技產品的運用或網路資源對學生的吸引力上，而忽略教學時人與人的互動，導致課堂的教學模式演變成教師對電腦，學生對電腦的情形，教師在教學過程中對變數的敏感度較其他教學法低，無形中減弱了學生感受教學現場情境的能力。

2. 硬體設備成本高

使用 IGCS 平臺進行教學，需要投入不少硬體設備的支援與購置，如電子白板、學生電子書包等，並不是所有學校都能負擔，也因此 IGCS 雲端教學模式難以普遍推廣。

3. 效能與技術問題影響教學流程

在課堂上使用科技產品難免會遇到設備或技術不純熟的問題，教師的教學流程常因此被打亂。然而，IGCS 雲端

教學在操作的限制多在於外界操作的影響，亦即硬體與網路在使用上有其一定的限制。因此，教師應了解 IGCS 只是一個教學輔助工具，而非教學目的。雲端教學僅提供師生另一種互動模式。資訊科技僅是帶動學習的一項媒介，教學的主體還是在教師身上，如何運用靈活的教學策略引導學生，使之提升學習成效，學習情境的建置和教學模式與流程的規劃才是最根本的要素（楊心怡、劉遠楨，2012）。

第六節　PTS 分段主題社會化教學法

一、教學緣起

在快速變化、關係冷漠又需要隨時保持與世界連結的時代裡，建構在線性理論下的傳統學校、分科教育及強調讀、寫、算的課程，已不能符應未來後現代多元時代的來臨（夏惠汶，2013）。教育要給學生的是結合生活經驗的知識與技術，非空言無補的學問，而是可以跟著他們一輩子的自我學習與多元思考能力。

夏惠汶發現，學校裡有知識、有朋友，學生理應在課堂裡是熱中學習、樂於討論，但對部分學生而言，在學校學習反而是不開心的時光。到底教學現場出了什麼問題？是教師強調如何教，忽略學生如何學，因而造成他們對學習愈來愈沒有興趣？為打破傳統教育的窠臼，夏惠汶透過開平餐飲學校的實驗與實踐，正式提出「PTS 分段主題社

會化教學法」。

二、核心概念

（一）教學目的

　　「PTS 分段主題社會化教學法」讓課堂的焦點從「教」轉變為「學」；亦即發現學生學習的需求與興趣，為他們規劃最適配的課程進行教學。換言之，站在學習者角度，針對學生生涯發展與職場需求，整理出對其有幫助的教學內容與教學方式。夏惠汶以「庖丁解牛」的故事，說明教育的本質應回歸以學生為主體，引領其找到學習興趣，順性而學，即可培養出屬於自己的專業知識與技能。

　　「PTS 教學法」主張教育的目的在使學生學到對自己有用的知能與社會化技巧；「關係對話的能力」、「專業能力」、「完成任務的能力」就是「PTS 教學法」強調的三個教學元素，而這三種能力必須並行且會互相影響。

1. 關係對話的能力

　　生活中人與人間的摩擦衝突，絕大起因於缺乏處理關係的能力所致。面對人際衝突，我們總在事發後進行檢討與輔導，卻忽略了在教育階段培養處理關係能力的必要性。人與人間如何在生活互動與家庭工作中，尋找線索，建立關係，並加以維護。人與社會環境間如何維繫關係，且了解自己在自然界的定位，以及如何與自我相處，傾聽

自己內在的聲音不被外界影響，這些都是生活裡必備的能力，但「關係教育」卻一直是臺灣教育中欠缺的一環。

2. 專業能力

　　擁有無可取代的專業能力，是變動快速的社會裡取得競爭優勢的首要條件。在這多元時代，如何學以致用，將書中知識應用於生活中，並做到精緻卓越，就是一種專業的展現。專業不僅用於傳統學科上，在餐飲、設計、機械等專門技術上，達到專業也能展現出不凡的競爭力，在社會中佔有一席之地。

3. 完成任務的能力

　　擁有專業，並不代表能有效率、有效能的完成任務。如何有效地完成任務？最重要是兼備溝通協調與協作能力、彈性且多元思考、自我學習和責任感等，這些都是團體社會中不可或缺的軟實力。

（二）教學內涵

　　「PTS 教學法」是由「分段式（Phaslized）」、「主題式（Thematic）」、「社會化（Socialized）」三個核心理念組成的教學模式。他打破學科限制，讓學生參與各階段不同的主題活動，藉由分組在團體中完成任務，並在任務執行過程中學習社會能力；亦即學生透過反思歷程，將外在習得之經驗與自己的生命做連結，以萃取對自己有用的知能。換言之，「PTS 教學法」是依照學生能力採取分段的教學步

驟，以結合生活經驗的主題式教學為主軸，在學習與生活的情境中，培養其擁有現代社會所需的社會化能力。以下分別說明 PTS 三大核心教學概念。

1. 分段式教學

皮亞傑（J. P. Piaget）認為，個體自出生後的發展是一趟不斷適應環境的歷程；吸收知識的認知方式和解決問題的思維能力，會隨著年齡增長而有改變。而後心理學家依其「認知發展理論」所衍生或創造的後續心理學觀點，都提到「先備知識」和「學習階層」的概念；亦即學習新知識時，必須先具備某些基礎，新資訊的獲取始於建構在舊有的基礎上。因此，學習活動應有合理的先後順序，先學會簡單或一些特定概念後，才能學會較複雜的新知，這印證了分階段學習的必要性。

對「PTS 教學法」而言，分段教與學的標準不只是年齡年級而已，而是以學生真正的能力、教學規模、課程程度和複雜性來做分段。當前教育的挑戰是知識的有效性因環境快速變遷而相對縮短，教學不再是傳授學科知識的深淺與多寡，而是學習者如何獲得並反思對自己有幫助的能力。因此，如何有系統的獲得知識概念，有步驟的學習解決問題的能力變得相對重要（邱明星，2006）。除此之外，還要考量課程與能力層面。將教與學各層面劃分出由簡到繁的階段，使各層面的各階段相互配合，讓學生能有條理、有組織地在分階段課程中循序漸進學習。以下就上述各層面，分別說明 PTS「分段式教學」的主要操作模式，再介

紹其特色。

（1）以參與人數的規模分段

　　「PTS 教學法」會以參與教學的人數規模做為分段的其中一個標準。從以共同學習的小組分組課程為最基礎的規模，接續進階到以班級活動或課程為主的中小型規模。如果小組跟班級活動都能順利進行，則可擴大至全校性課程規模，如園遊會或畢業典禮的準備課程等，而最後一個階段則是以參與人數眾多的社會服務學習或校外分享為主。

（2）以任務的困難程度分段

　　另一種分段模式是以任務的困難性為劃分標準。在「PTS 教學法」裡強調知識的應用與統整，故課程規劃會多以任務形式呈現，並將任務的難易度分為三個階段。第一為基礎的「執行階段」，此階段學生主要的學習任務就是「實際執行」。只要先依循教師的安排與基礎知能就可完成階段學習工作。第二階段為「計畫發想階段」，在這階段，教師會給學生一個目標與計畫方向，但計畫的內容、標準、程序與規範全都由學生一手策劃，教師在旁做引導與提醒。該階段學生須運用並統合上學期間所學的相關知識與技能，團隊成員間的和諧溝通能力不可或缺。最後一個階段則是「企劃發想階段」，此階段教師只需安排好課程時間並告知課程任務需達到的目的，之後所有任務的企劃、目標、方向與理念皆由學生自行討論、共識、協力完成；在這個階段，學生需要靈活地運用所學，且更加重視團隊的合作與溝通技巧，始能成功達成使命。

（3）以溝通的複雜性分段

「PTS 教學法」相當重視人際間關係的連結與維護，講求溝通的重要性。不論是一般主題式課程或強調應用性的專案課程，學生都必須懂得溝通與協商，因此，在學習歷程與任務完成過程中，教師可依照溝通的複雜性，將其分成「班內協商」、「校內協商」和「校外協商」三種循序漸進的階段。

（4）以理論→實務→統整的階段教學進行分段

為因應學生階段性學習歷程，由簡單到複雜、從理論到實務再回到統整的教學設計是 PTS 分段教學策略之一。在第一個理論知識獲取階段，學生會學到多元知識與各種實務操作的基礎訓練。到第二個實務操作階段，學生會因能實際運用之前所學的理論而感到興趣，操作起來更容易上手，並在此階段體會到知識的不足，進而願意增強自己的知能。至第三個統整階段時，學生經歷理論與實務的結合，再回到教室反思與分享前兩個階段的學習歷程，由於先前經驗的累積，使得統整課程變得更加精采、感同身受，教師在課堂上擔任引導者與解惑者角色，協助學生針對之前的體驗提出問題困境或心得感想，使統整課程所教的內容都能貼近學生的先備知能、經驗與能力，對學生而言受益甚大。

（5）以學生學習的多樣性分段

除以年齡分段為教學策略外，分流分軌的教與學模式更具意義性。傳統以年級分段的教學，就像一座通往同一終點的階梯，所有學生皆走向相同的道路。然「PTS 教學法」提

供學生通往不同終點的升學/就業階梯選擇。不論在理論知識進階學習或實務演練操作精熟過程中，學生可依照自己的適應能力或興趣發展，來選擇自己準備要進入職場或繼續升學的決定。

（6）打破班級藩籬—以能力分段

在「PTS 教學法」裡，會依學生的學習能力、參與團體能力或溝通能力，分成不同的學習群體。該些學群不以班級為單位，但也不被班級所分割；亦即學群的概念是含括該能力階段的所有年級班級學生，且各學群裡的學生和教師亦會於學期間定期打散再重組，使學群間所有師生皆能彼此認識，沒有隔閡。

教師的分配與合作也是以學群為單位，共同學群的教師須彼此合作討論規劃課程、分享資源、一同成長。對每一個學群裡的學生而言，所有學群的教師都是關心他們的老師，打破傳統只有班導師才認識班級學生的舊式思維。表 2.1 說明「PTS 教學法」分段方式與分段對應模式；將學生在學時間分為前期、中期與後期三階段，即可發現學生在學校學習時間的長度是相同的，但若依其學習的困難程度、學生數參與規模、溝通複雜性和課程設計的性質來分段時，其劃分的時間長短與標準點即為不同的。值得注意的是，這個分段對應表只是利用一般熟悉的在學時間軸，來呈現校園裡各向度的分段狀態，實際情況可能會依學校屬性而有所不同，唯一不變的是學生學習歷程採由易到難、由簡入繁的分段式學習順序。

表 2.1　PTS 分段式教學對應表（以開平餐飲學校為例）

入學時間	困難程度	人數規模	溝通複雜性	課程性質
後期	企劃	社區	校外	統整
	計畫			實務（校外）
中期		全校	校內	實務（校內）
前期		班級	班內	理論
	執行	小組	組內	

2. 主題式教學

　　「PTS 教學法」認為傳統填鴨式教育與單一學科學習方式已經過時，教學必須試圖打開學科框架，以跨領域課程與教學的思維來設計教案。跨領域的課程規劃須考量學生的興趣、需求、及其所面對的問題著手。從後現代主義的觀點而言，知識並非固定或客觀普遍，而是由社會建構而成。跨領域統整型課程，而非順序框架的分科課程，較能使學生獲得因應社會所需的適應能力。統整課程的概念是要讓學生有機會把知識應用到與社會和個人相關的重要問題上，因而學科的界限應該予以解除，知識也應在欲解

決的問題與議題中重新定位；換言之，課程的主題應與生活對接，而不宜全從學科支末細節的知識理論而來。因此，PTS 重視主題式教學，即針對某一個議題來進行跨學科、統整型課程規劃與教學活動設計，以利學生看問題、分析問題和解決問題的角度，能跳脫過往單一思考面向，在融合多元看法與意見後，使個人擁有較週延且全面性的待人處事能力。

（1）課程整合之必要

　　主題式教學是一種以議題來進行知識統整的課程模式，多年來國內外教育界皆強調適當的課程整合對學生學習的有效性與必要性；惟課程整合並無固定的進行方式，可因教學理念、教學目標、實施對象、活動時間地點等不同，而產生不一樣的組合。課程統整的分類方式不少，多數學者從「學科界限」的，將課程整合模式歸納出「多學科、「跨學科」及「超學科」三種類型，茲說明如下（游家政，1999；Drake & Burns, 2004）。

a. 多學科（multidisplinary）整合

　　多學科整合模式雖有設置主題，但相對來說，還是較重視學科概念，學科與學科間界限依然劃分的很清楚。惟與傳統單一學科不同的是，不同科目與彼此間關係的聯繫性更加密切，且圍繞著共同的主題進行。此種課程會從數個學科中找出與所設之主題相關聯的內容加以統整，使學生感受到學科間的相關性，但在教學時，各學科還是分開進行教學活動，如圖 2.7。

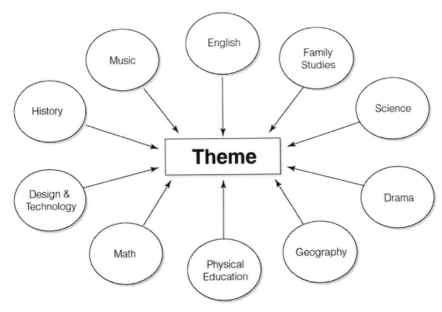

圖 2.7　多學科課程整合模式
資料來源：Drake& Burns（2004）

b. 跨學科（interdisplinary）課程整合

　　在這種整合模式之學科界限已被打破，教師將有共同
概念與技能的學科結合在一起，合併成一個學習領域或學
習活動。雖然學科間的界線較之前的多學科課程模糊，但
仍可識別出學科不同（如圖 2.8），例如自然領域下包含生
物、物理、化學、地球科學等科目。

c. 超學科（transdisplinary）整合

　　超學科整合是三種課程整合模式裡，學科間界線最為
模糊的課程設計。首先教師會根據學生興趣、經驗或重要
議題，選擇一個符合現實生活環境的主題，並以該主題為
核心，鼓勵學生自行統整其過往習得的知識與技術，來進

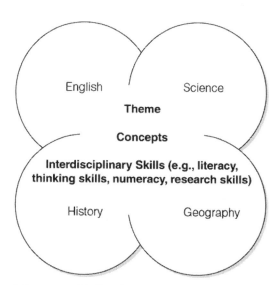

圖 2.8 跨學科課程整合模式
資料來源：Drake& Burns（2004）

圖 2.9 超學科課程整合模式
資料來源：Drake& Burns（2004）

行對此議題課程的探索。教師則在適時給與引導，促進學
生發問，提供嘗試機會並協助其發展思考脈絡（圖 2.9）。

　　由此可知，「PTS 教學法」採用的主題式教學主張以「跨學科」和「超學科」統整為主，其中又以「超學科」的「任務型課程」為規劃特色。強調以主題為中心，設計出涵蓋應瞭解的知識技能相關學科內容，以學生學習條件和經驗做出發，將所需的知能納入課程教材與活動設計中，使學生透過學習建構發展出個人的新知識與能力。

（2）主題式教學的三大特點

a. 知識與能力的養成與生活經驗做連結

　　主題式教學的議題設計以連結學生生活經驗、擴展知能應用為規劃核心，透過跨學科/跨領域的概念來融合多面向知識所設計的教學課程，對學生進入社會與職場，有助於適應環境與問題解決策略發想的多元性。

b. 各科教師須協力合作參與課程規劃

　　由於主題式課程與教學需透過科目間整合，因此學科教師不像過往單打獨鬥的進行規劃與運作，他需要時間進行討論與凝聚共識，始能將不同科目的知識做主題式連結（張德齡，2016）。

c. 學習過程中重視團隊合作

　　主題式學習的成果大多透過學生分組完成，亦即小組成員需不斷地討論分享，一起想辦法解決問題，才能完成任務。因此學生的團隊合作是主題式教學重要的學習課題之一。

3. 社會化教學

　　社會化是個體學習社會規範與期待的過程，也是學習或受社會影響成為一個社會能接受的人之學習歷程。陳奎熹（1982）認為社會化是個體基於其身心特質與稟賦，和外界環境交互感應或學習模仿的一種程序。透過與外部的互動，人類能獲得社會多元知識、技能、行為模式與價值觀念，一方面形成獨特的自我，一方面也在履行其社會角色，妥善參與社會生活，進而成為社會一份子。

　　在沒有學校教育的年代，人類透過日常生活了解社會期待，建立社會價值觀，並形成其行為模式；換言之，傳統社會有「非正式的教育過程」，而此過程即為個人社會化的歷程。「PTS 教學法」主張將此種非正式的社會化教育過程轉化為控制中的教學活動，透過鼓勵互動與強調關係建立的課程安排，及打造社會氛圍和學生擁有自主學習的角色，建構出具系統性的社會化教學情境。以下針對「PTS 教學法」對社會化的定義與運作特色進行說明。

（1）在可控制的範圍裡打造社會氛圍的學習環境

　　「PTS 教學法」強調的社會化係指營造學生、教師間互動的環境與氣氛，並將學生視為社會主體，強調學生的自主性與獨立性，用以提升學生學習動機、主動參與及責任感。換言之，PTS 試圖在可控制的學習範圍與學校情境裡，打造一個小型且具規範的社會環境，在這範疇裡，每位校內教職員工生皆是主體，各個成員都是這社會（學校即社會）中必要且自由的存在體，需要相互溝通與尊重。

　　這種「學校即社會」的情境營造，使得學生不再是教師或家長的附屬品，而是以一個人的身分在學習，且在此環境下學習，學生較易養成主動負責的態度。另一方面，「PTS 教學法」透過合作學習、情境教學（如實習）、混齡教學等多種形式，讓學生發展出團體意識和樂於接受他人意見的團體精神。在不同階段、不同主題的課程中，PTS 重視學生間相互支持與互動能力，並在強調績效責任的任務完成中，學生習得人際間、人與團體間、團體與團體間的協作技巧。

（2）重視師生皆為獨立個體且平等對待

　　所有人皆是獨立且平等的個體，即使各自有需扮演的社會角色，也擁有自主和主體性。當人類意識到自己是社會的一份子，就會對自己的行為負責，且了解個人尚缺乏哪些知識與能力，進而擁有強烈的學習動機。因此，「PTS 教學法」認為，限制學生自主發展的校園文化與氛圍，對學生社會化學習是沒有助益的。

　　PTS 的「社會化」強調建立人與人間互為主體的互動關係，而非被規範下有礙全人發展的刻板互動。所謂「社會化教學」即是在校園裡營造一個平等互動、尊重個人自主性的社會文化與互動氛圍；不以框架規範學生，任何一個學習行為都不是為了滿足教師規定或父母期望，而是為了自己的進步與成長，並對自己的行為負責任。

三、教學策略

（一）強調學生自主追求知識與技術的學習動力

　　「PTS 教學法」除一般知識型、理論型課程採用主題式教學外，更重視議題統整教學的實務應用面；亦即如何令學生將各項概念整合後，應用在實務工作與生活案例中，進而完成統整性主題任務。這種課程規劃是以一個主題為核心所安排的一種應用型課程，教學期間融合了學校活動與實務演練。簡言之，就是讓學生依其興趣，選擇想要完成的學習主題與活動，如規劃校慶園遊會等。整個學期的主題課程，即以此活動設計做為教學議題，學生學習如何規劃、辦理該活動所需的知識與技能，並在活動辦理時，由負責專案課程的學生們安排所有流程並擔任工作人員。這種任務導向的課程，有助於培養學生解決問題的能力和主動追求知識的動力。

（二）重視團隊相互支援的合作學習精神

　　合作學習不同於傳統的個別學習，其教學方式是將學生分成若干小組，透過教師的引導，協助小組同學互相支持與協助，並在不斷的溝通互動下交換意見、分享經驗、共享資源，以利達到主題式教學欲完成的團體目標，進而激發學生自我效能的學習目的（姚幸君，2002）。

（三）強調教師社群支援與協同教學

　　過去的教學型態多是教師獨立備課，獨自規劃活動，但協同教學則不然。「PTS 教學法」重視教師互相搭配，協力完成活動設計與教學任務，充分展現教學團隊的精神。張清濱（1999）認為「協同教學」與「合作學習」不同，前者代表教師教學型態的改變，後者則是學生學習方式的不同。所謂「協同教學」係指一群不同領域的教師，以一種專業的關係組成教學團隊，共同規劃、執行、完成某一單元或某一議題的教學活動。教學團隊成員可包含教師、實習教師、圖書館員及教學助理等，該些人員彼此分工、專業分享，以確保教學目標順利達成，學生亦可因多元專業師資的輔導，而學到更多不同面向的知識與技能。

四、效益與限制

（一）效益

1. 透過分段主題社會化教學培育適應社會發展的人才

　　「PTS 教學法」的特色在養成學生主動探索、自主學習的精神，強調未來社會人應具備 21 世紀所需的社會軟能力與專業硬實力。透過分段式教學和連結跨領域知識與生活經驗的超學科統整課程，使學生養成兼具理論與實務、多面向問題分析與解決能力，讓他們畢業後在未來社會站

穩腳步，學以致用，創新創業。

　　此外，「PTS 教學法」認為學生是學習主體，故在教育情境裡，親師生應相互學習成長；家長是教育合夥人，需要傾聽、分享、陪伴、支持、欣賞與合作；老師不僅是知識技能的傳遞者，更是學生學習的陪伴者，強調教學目標從學生的生活經驗出發，透過校園社會情境的營造，讓學生在求學期間即能學習社會化，以適應未來生活與就業。

2. 培養主動學習的能力

　　「PTS 教學法」採任務型超學科主題式課程進行教學，在初期階段教師強調基礎理論知識的建構與扎根，其他階段的課程設計則是以學生為主體，能力為導向，主動探求解決問題為教學目標。這樣的學習相當自主，在課程中學生的任何創新想法都可以被嘗試，教師扮演協助或討論的角色，而學生透過學習過程，主動探索新知，進而習得自己想學的知識與技能。

（二）未來可能的限制

1. 分流分軌的教學策略考驗教師對學生的了解

　　不以學生年齡/年級來劃分學習階段，而以學生的興趣、任務難易度、溝通複雜性、課程性質等，做為分段式教學的依據，是「PTS 教學法」的一項特色。然而，以課程結構、學生學習條件或能力來進行教學分流分軌，確實考驗著教師對學生的認識及對課程結構的理解程度。畢竟

能力、條件是抽象的概念，不如年齡那樣明確客觀，如何設定分段標準確實值得再次思考。

2. 主題式教學較難配合傳統的分科考試方式

主題式教學確實沒有特定科目的教科書供應參考，而是透過教師社群討論，以系統化方式共同歸納，將學生生活中的某些概念轉換成課程圍繞的主題，再從主題課程的推進，逐漸把相關知識帶進課程與教學內容中，這樣的課程設計與傳統的分科教學大有不同，其評量方式也易與目前升學制度分科考試有所衝突。因此，實施「PTS 教學法」的教師需費心思考將學科內容充分地融入到主題式教學中，並採多元評量方式來瞭解學生的學習成效。

3. 社會化氛圍與限制的拿捏標準較難定義

實施「PTS 教學法」的學校，其校園營造的社會氛圍是自由但仍有邊界的；亦即雖然強調校園社會化的功能與目的，但還是有法律規範，學校不可逾越的大原則界線，需要與學生約法三章。這樣的規範是否違反社會化自由平等的初衷，端看學校規定是否合理與正當。因此，規範限制與社會化自由氛圍間如何取得平衡，如何讓學生在校園裡依然自主，而不感到壓抑或異化，會是 PTS 教學者亟需思考的一大課題。

五、 PTS 教學法與其他教學法之比較

在當今翻轉教育的熱潮中，許多新式教學法順勢而生，重點均強調以學生為主體，培養其學習自主的精神，試圖解決過往傳統教學和考試領導教學所帶來的學習成效問題。這些教學法起源於不同的學習階段別，從國小、國中、高中職到大學，各式創新教學皆有其特色且呈現多元，其目的在透過適性教學，引領學生走向自主自發的學習之路。

「學思達」教學重視「問題設計」，即從文本中設計問題，引發學生思辨能力和開口表達，再從表述中慢慢釐清問題源頭並找出關鍵因素。「BTS」在於善用「科技媒材」，翻轉學習次序，並運用 EPES 互評系統，鼓勵學生相互回饋，藉以增加其學習動機。「MAPS」是以「心智圖」方式建構學生知識系統，培養學生從圖繪中釐清文本意涵，進而從「學會」到「會學」，找出自己的讀書方法。「學習共同體」則是從「協同學習」中培養卓越，從「主題、探究、表現」中累積學生的學習經驗，進而構成知識內容。「IGCS」使用「雲端教學平臺」「未來教室」的概念，鼓勵學生於課前預習、課中學習和課後自學，教師亦透過學生的學習表現，即時調整教學內容與回饋。「PTS」重視「關係教育」，認為學校不應僅是傳遞知識與技能給學生，更是教導其處理與自己、與他人、與環境間關係的場域。除此之外，「PTS」亦強調教師、父母在學生學習歷程中處理師生、親子間關係的能力，期望透過有品質的對話（dialogue），讓彼此關

懷的能量流動，給予學生自主負責的學習空間與成長機會。夏惠汶（2013）即指出，教育是「規範」與「培養」，「PTS」的核心就在「規範」學習準則與「培養」學生自學能力。讓每個人從小組合作的關係處理中，學習如何進退，與他人意見歧異時，學習表達自己的立場，更學會尊重他人。再經由跨學科或超學科的「主題式教學」課程，讓學生在不同的分段模式中漸進學習，並藉由校園裡營造的社會氛圍與環境，引領學生體驗「社會化」過程與精神，致使養成其出社會應有的硬實力和軟實力。

　　此外，上述各式教學法皆以「學生為主體」進行課程設計，並認同引發學生的「學習動機」即是教學成效的關鍵。在教學策略上，透過異質分組的「團隊合作」模式來進行協同學習，使學生共同建構知識與學習經驗，並藉以培養其溝通表達與實作能力。這些創新教學法所引發的教育新思維，已從量的教育走向質的教育，從學習競爭走向學習共學，這股變革力量已經發酵且不容忽視。如同 2016 年人類複雜度（Human Complexity）會議中提到，新世紀教育應著重「溝通能力、團隊精神、批判性思考和彈性」能力的培養，「教師不能把學生教成一個活動的書櫥，而是要教學生如何思維」（天下雜誌，2016）。而這些創新教學法皆在引領著學生真正擁有學會知（Learning to Know）、學會做（Learning to Do）、學習與人相處（Learning to Live Together）和學習自我實現（Learning to Be）的關鍵能力。

第三章　教學改革的必要性

第一節　新世代教與學新思維

　　面對二十一世紀全球化衝擊、資訊科技融入教學、少子女化現象的影響，各國皆無法圍於一隅而外於他國。臺灣教育現況的挑戰不是量化的競賽，而是學習品質與成效的提升，傳統的教學法已無法培養符合時代所需的人才，教學改革刻不容緩，皆希望透過教與學新思維，能有效改善學生思辨表達與人群互動等軟硬實力的養成，以增進其進入社會就業的競爭條件。因此，本節將從現代教育改革的方向說起，並延伸上一章節論及符合世界教育改革趨勢的「PTS 教學法」為例，探討教與學思維改革與調整的必要性。

一、教育變革新方向

　　為符應新世紀人才需求，教育應產生相對應的變革。「學什麼」關注的是課程內容，「怎麼學」重視的是學習方法，以下即針對課程內容與學習方法分別論述當前教育面對世界變遷的因應之道。

（一）課程內容應多元並以跨領域概念設計教材

1. 去中心化的教育思維

　　後現代主義主張「去中心化」與「反權威」。後現代教育學者皆認為，語言是一種符號，所有話語都有一定的傾

向性和侷限性，因此對「權威」必須採取批判的態度（張文軍，1998）。現代教育裡有權力的人編寫課本，知識的產生與內容必須合乎標準，亦即意識型態先覺性的篩選和定義何為有用或重要的知識，並透過統一工具檢驗學生的學習成效，但到後現代的再概念化時，本質上就拒絕了層級、權威、霸權等意識型態。

　　批判教育學者吉魯（Giroux, 1991）提出「反主流文本（counter-text）」和「反主流記憶（counter-memory）」兩大概念來說明反霸權的途徑。其中，反主流文本指的是對主流知識產生質疑與批評，因此課程內容不再是當權者意識形態的實踐，而是教師與學生共同建構出來的。亦即後現代教育觀是動態有機的，應把學生與教師同樣視為有主觀性和內在能力的有機體（黃永和，2001）；教育歷程中，尊重每個個體的獨特性，也考量其生活經驗，不僅關注教育成果，更重視教育過程與脈絡的課程發展模式（莊明貞，2002）。

2. 課程與教學多元呈現

　　因為不再有權威式的課程規劃，教育不再被視為追求絕對的真理，也不再有所謂標準知識，故後現代課程主張學習的脈絡性、多元性與反省性；亦即課程應呈現多元觀點，消除二元論的分立，學生可在眾多聲音中選擇對自己有用的知識，自行建構認知系統，而不是被迫、被動地接受他人的觀點。加納（Gardner）提出「多元智能理論」即認為人類的智能可分為「語文」、「邏輯數學」、「空間」、「音

樂」、「肢體動覺」、「人際」、「內省」與「自然觀察」等八項，每一種智能都有其特殊性，且不能由一種智力判斷另一個智力的價值（陳新轉，2001）。因此，教育應順著自然規律，讓學生適性發展，不僅課程內容如此，連教育的內涵都應呈現多元發展。

當然，隨著核心思維的改變，教學評量的方式亦應調整。學者認為，後現代轉變性課程的困難在於沒有一套理想準則做為普遍的參照體，致使我們須重新省考評量的目的為何？只有成功與失敗的標準嗎？如何建立學習成效評量工具？該以誰的認知決定學生表現的「好」與「不好」（Doll. E. W. 1999；王紅宇譯）。教學現場多元評量方式隱含著後現代「開展差異」的概念（黃乃熒，2003）；亦即「差異」不再是主流價值觀下淘汰的產物，而是激發出更多可能性的機會。

3. 教學內涵朝向統整性規劃

美國教育學家杜威提出「教育即生活」「學校即社會」理念，教育制度的靈活與彈性在後現代思維中扮演重要的角色，過往教育的僵固性體現在分科教學制度上，且因為過度追求專業，將知識拆解成不連貫的學科，導致學生無法將所學與生活做連結。因此，後現代教育朝向學科統整方式發展，其形式可分為「學科內統整」、「多學科統整」、「跨學科統整」和「超學科統整」課程與教學。2016 年芬蘭新課綱即明訂全國 7 至 16 歲學生，在學習階段至少要參與一次「主題式教學」，即「超學科統整」課程。國際文憑

組織（International Baccalaureate Organization）自行發展的教育體系，亦採用「主題式教學」。因此，以學科統整方式將學習與生活融合為一，是現今教育工作者應有的教與學新觀念。

（二）學習方法─視學生為獨立個體並能透過對話相互學習

黃永和（2001）認為，學習是主動建構與自我組織的過程，透過師生不斷互動，共同創造教育經驗。「社會建構論」（Social Constructivism）認為，知識是透過對話產生而來，後現代主義更是強調尊重在地聲音（local voice）。透過對話，學習存在許多彈性，學生可提出質疑且自我建構，不再是被動的知識接收者，而是主動的探索者與創造者。教師也不再以「知識權威」來控制主導整個教學過程，而是以一個教練、諮詢、促進、指導、支持、回饋，甚至是與學生共同學習的夥伴角色（陳嘉彌，1998），知識就在彼此對談中產生。

為確保有品質的對話，賀琳‧安德森（Harlene Anderson）提出「合作式對話」（collaborative conversations）概念（Anderson & Gehart, 2007）。她認為「對話」是一種創造意義的狀態與過程，參與者要一起檢視、質疑與反思，所以對話涉及「傾聽」、「聽到」和「說出」三個層面，所以對話不是個人漫無目的或偏好言論的發表，而是一種關係取向的合作方式。教育對話的具體實踐即是教室言談，

也就是教室中有關教與學的口語互動，不只是教師與學生間的互動，也包含學生與學生間交流。兩者皆仰賴師生共同經營教室氛圍，若能在一個安全、開放的空間學習，學生會勇於發表意見，也願意包容異己觀點。此外，學生互動可在合作學習中體現，亦即同儕間靠著相互搭鷹架來促進彼此認知與社會發展（Vygotsky, 1978），可見對話對學生有正面的影響，這在教育現場就是一種「對話式教學」（周和君、董小玲、馮欣儀譯，2010）。

二、回應變革需求—PTS 分段主題社會化教學法

（一）因應時代快速變遷的影響

「新自由主義」（Neoliberalism）崛起並建立在績效責任的基礎上，教育革新的演進從過往由上而下的專權領導，強調效率與獎懲，到如今改變為從下而上的權變領導，重視增權賦能，教育開始談論績效責任，著重在地扎根與特色發展，並透過彈性制度與策略的推動，以因應變幻莫測明日世界的教育發展。

教育思維不斷地受到內外部環境變遷的影響，從國際政治情勢轉變、經濟發展消長不定到科學技術日新月異，學生競爭的對象已不只有國內，還包含來自世界各地。面對這樣多變的發展局勢，學生唯有擁有扎實、可與實務連結的「活知識」和因應生活職場需求的社會軟實力才能適

應變化。另一方面，在內在變遷部分，從機械式的世界觀到有機式的多元體，在「新自由主義」的推波下，社會變得更開放，學習不再是制式或量化可控制的系統，而是需要多元互動、有機式的成長。

1. PTS 教學法強調與社會建立連結，以因應外部環境變化

人類從工業社會走入資訊社會，未來的世界又將會從資訊社會走向後工業社會。變遷速度之快，使得學生需要更多的社會學習，並藉由教育情境裡社會化的過程來提早準備自己。「PTS 教學法」重視學生對自己、他人與社會關係的建立，故在關係處理的對話能力上，設計相當多合作學習與自我反思的活動。另外，在學習自我與社會關係處理能力時，學校需安排實習體驗、提升社會適應力的課程；例如模擬面試、服務學習、志工服務等，讓學生因參與而學會因應外部社會的變遷，培養個人社會信念與知識能力，學習自我認同，並試著扮演未來屬於自己的角色。

2. PTS 教學法重視與自我、他人關係處理的能力，以面對內部環境改變

數位化網路時代的到來，人與人間的聯繫看似緊密，但真實生活裡的關係互動卻日漸減少。在「虛擬世界」中交流頻繁，卻在「真實世界」裡產生距離感，甚至冷漠。「PTS 教學法」強調人群關係間的「感知力」與「關係動力」，過程中以學生為主體，家長參與學習，親師生相互陪伴，讓

學校這個微型社會裡的內外部成員備感溫馨團結，進而拉進真實與虛擬世界間關係的距離。

除強調與他人建立良好的關係外，「PTS 教學法」也注重學生自我成長與自省能力的養成。而這些能力即是如何與自己保持良好關係的能力，畢竟唯有真正了解自我，懂得肯定、善待、充實自己的人，才能站穩腳步，不被流行或虛華的洪流所淹沒。

（二）對接二十一世紀國際教育變革趨勢

根據聯合國教科文組織（UNESCO）統計，全球留學生來源國以亞洲國家為大宗，其中又以中國大陸、印度、南韓的人數最多，位居前 3 名。教育部在 2016 年曾發布《提升青年學生全球移動力計畫》，揭示我國留學生數據，若加上已於國外留學的學生數，2014 年我國總留學人數為 5 萬 3,127 人，且前三大留學國家及其所占比率由高至低依序為：美國（41%）、澳大利亞（15%）、日本（11%）（如圖 3.1）。上述資訊告訴我們，世界先進國家都重視青年在全球移動的能力，唯有具備移動條件，青年才能因此增加其跨域、跨界與就業的競爭力。

全球化競爭不再是傳統的數字或財力的競賽，而是創新力與跨域力的比較。決定國家強盛的因素在教育，教育問題的釐清與變革企圖的決心更是成敗的關鍵。教育部在 2013 年《人才培育白皮書》中揭露六項未來國家人才應具備的關鍵能力為「全球移動力」、「就業力」、「創新力」、「跨

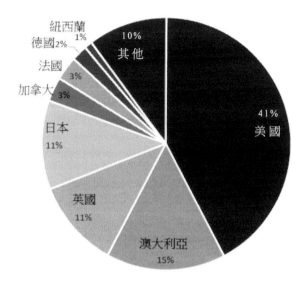

圖 3.1　我國學生留學國家所占比率
資料來源：教育部《提升青年學生全球移動力計畫》（2016）

域力」、「資訊力」和「公民力」，而「PTS 教學法」在這些
關鍵能力的養成上都起了提升作用。以「移動力」為例，
學校透過語言學習、國外業師導入、海外技術交流、國際
專業機構認證、移地見習實習、國際志工服務、交換進修
等策略，為學生未來赴國外繼續升學或就業進行鋪路。

三、教學創新的必要性—從傳統到百花齊放

　　為服膺時代變遷與人才需求，傳統教育思維被挑戰，眾
多創新教學法被提出，其目的皆希望學生不再是被動接收知
識，而是能引發動機自主學習。然而學校就是社會，學習無
所不在，過往傳統教學有其特色優點，但在大環境改變下，

新式教學卻能改善目前學生學習動機低落、參與投入狀況不佳、和對接社會就業競爭力不足等情形。以下針對傳統與創新教學法的不同進行說明。

（一）傳統教學的內涵與優劣點

　　傳統教學意謂著依循固有教學形式進行教學活動，亦即一班中由一位教師教導幾十位學生，學習某一學科並定期測驗評量學生分數高低（毛連塭、陳麗華，民 76）。換言之，傳統教學以教師為中心，課程為核心，並以考試方式來評斷學生學習成效。在教室中，教師專注於教學進度的掌握和講解課程內容，學生專心聽講並抄寫重點筆記，並利用作業和課後複習來熟練所學。因此，在傳統教室裡，教師習慣用「講述法」或「直述法」來教學，而學生多是被動地接收知識。

　　雖然如此，傳統教學法是教師視為安全的授課模式，其運作優勢有一、「以教師為中心」：教師根據教科書進行備課，教學多採講述型教學，學生專注聽講；二、「符合經濟效益」：上課過程由教師主導，無需花費時間規劃分組或團體等各式學習活動，專注課文內容的解釋並予結論，即可在有限的時間補充大量的知識；三、「利於準備傳統考試」：多採單一評量方式檢視學生學習表現，教師針對紙筆考題類型進行講解，加上不斷精熟練習，使學生記憶知識並熟練各式考題。

　　然為因應社會發展與國際競爭趨勢，傳統教學有其限

制須要檢討，一：「學習效能問題」，教師專注於講授，學生未必認真聆聽，且缺乏師生和生生的學習互動，課室氣氛與學習效果已多被批評；二、「學習成效問題」，傳統教學引導學生慣於背誦知識，缺乏與實務或生活經驗做連結，學生多為考試而強記書本內容；三、「內容侷限問題」，傳統的課程與教學規劃較易受到教科書或考試框架的限制，教師不易教出較高層次思考能力的成效；四、「機械式學習問題」，傳統教學注重知識的記憶與精熟，教師強調考試成績的重要性，致使考試領導教學讓學生學習機械化，學習內容缺乏彈性與創意。

（二）創新教學的內涵與優劣點

有別於傳統教學，創新教學強調以學生為主體，給予學生更多發展多元智能的彈性空間與時間，試圖激發其學習動機與自我認同感，以培養高階的思考能力與適應環境的社會力。為改善填鴨式教學所帶來的教與學問題，創新教學法會以學生習得關鍵能力或核心素養為目標，以適應未來社會所需的活用知識和軟實力，而非考試應答技巧。

由於新興的教學法是為解決目前教學困境而產生，故其教學特質有以下優點，一、「促進學習效能」：創新教學法的教師多利用問題探討或小組任務等策略，讓學生合作學習，透過共學來釐清、組織與建構知識，以達到較佳的學習效果。教師在教學過程中，亦會透過形成性評量來掌

握學生學習進度與回饋改善；二、「重視自主學習與團隊合作」：不同於被動式接收訊息，創新教學藉由真正理解知識，了解成因，與生活做連結，學生建構出屬於自己的知識體系與問題解決策略，自信心增強，知識技能的靈活運用度也較傳統記憶模式較佳；三、「學習範疇較廣」：創新教學所採的教材內容傾向統整且議題廣泛，較易引領學生產生高層次的思維與應用能力；四、「多元且彈性的活動設計」，不同於傳統教學的考試訓練，創新教學強調差異化教學，珍視學生的獨特性與發展性，故較能採彈性活動設計來啟發學生多元發展的可能性。

　　創新教學法雖然順勢而生，但也非無懈可擊，他的推動難處包括：一、「部分教師難以跨越制式教學框架」：新式教學需打破過往以教師為中心的教學思維，挑戰教師信念與教學技術，然教師擁有高度的專業自主性，並非所有教師皆認同該理念，並願意嘗試走出教學安全區；二、「班級管理與教學成效問題」，創新教學設計係以學生為主體，小組學習、多元評量、課程統整等策略需花費教師較多時間準備、執行與驗收成果，在教學工作量已近個人負荷，且未有支持協助的情況下，教師較易猶豫嘗試；三、「學生學習成效問題」：既是以學生發展為導向的課程規劃，如何透過了解未來社會需求來翻轉過往教室裡教與學的文化，提升學生學習品質與多元智能學習成效是教師執行創新教學的挑戰之一。尤其在臺灣升學考試是主流文化下，家長的支持與教師突破傳統的意願是關鍵成功因素。

　　綜上發現，在傳統教學的型態下學習，學生易養成被

動等待教師給予知識教材的習慣，教師亦須因應知識教學的完整性，而彙整大量內容予以傳遞。當學生自主學習的本能不在，最後學習成效則偏向於較低層次的記憶與理解，更別說批判、組織或內化所學的知識，再予以綜合、評鑑與創新。此外，單向的教學模式較無法引發學生學習興趣，更別說參與投入及培養其獨立思辨與合作、溝通等能力。因此，順應時代發展與教育革新，教學法予以創新、教師教學思維予以調整，確實有其必要性。

四、創新教學法教學內容呈現方式－以 PTS 教學法為例

　　教學革新不僅是教學法的改善，也關注教學內容呈現的方式。傳統教學以「教師為中心」規劃課程與教學，但創新教學則改以「學生為導向」的模式進行教學內容設計。以「PTS 教學法」為例，在「分段式教學（P）」部分，教師重視學生個別差異與學習準備度，故教學內容是以分段方式進行階梯式學習，累積學生學習信心與成就感。在「主題式教學（T）」部分，則將過往學科教學改為主題式教學，教學內容側重跨領域統整與知識建構過程；而「社會化教學（S）」則翻轉過往考試為導向的學習模式，重視人際互動與社會化能力的養成。以下就教學內容呈現方式，以「PTS 教學法」與傳統教學之比較進行說明。

（一）以「學生為中心」規劃 PTS 教學法

1. 學生為中心的教學（student-centered teaching）模式

　　美國心理學家羅吉斯（Carl R. Rogers）提出「以學生為中心」的教學法，教學內容以學生需求為導向進行課程設計，藉以啟發學生潛力與社會所需的競爭知識與條件。因此，教材內容需符合學生學習目的，且教學情境不能處在高度壓力狀況，學生才能引發動機，參與學習，並產生預期之學習成效，以適應競爭的國際趨勢與社會要求。

2. 以教師為主的課程設計改以「學生為中心」的內容發想

　　21 世紀教學內容的改變，從「教師為中心」（teacher center）轉移至以「學生為中心」（learner center）的需求來設計教材內容。主體的不同改變了教學的重點與內涵，根據研究顯示，以學生為主體是公認最能反映學生多元化的教學方式。且以學生學習為本的教學內容亦有別於過往，他需要從學生的學習方式著手，而這項改變更要學校教師一起完成。他們必須打破教室是唯一發生學習的迷思，提供學生一個「無界限」的學習環境來幫助他們增長知識與見聞。因此，透過業界實習、社區服務或國際交流等活動，引領學生進行探索，並讓不同程度或條件的學生都能接觸到不一樣的學習內容，引發他們求知的好奇心，進而發展其獨立自學的能力（史美瑤，2012）。

（二）重視個別化差異的「分段式教學」

1. 尊重個別差異（individual differences）的重要性

　　「個別差異」係指個體在發展與成長過程中，因環境或遺傳因素不同，個人擁有獨自的特質，有別於他人不同的現象。因此，在教育過程中，教師能評估並了解學生的個別差異，教學內容不單一同質，能因材施教，已成為教學改進上重要的課題。

2. 以分段式教學建立學生學習自信與學業成就感

　　「PTS 教學法」重視每位學生的學習特質，考量其學習狀況與起點行為，以「分段」分式將學習階段依「入學時間」、「困難程度」、「人數規模」、「溝通複雜性」和「課程性質」進行分階段學習，其目的即在尊重學生的適應狀況與其個別不同。

　　教師不應假設學生的學習起點是一致的，教學內容更不宜一體適用在所有學生。傳統教學旨在教出學科能力好的學生，其概念是「團體同質性」；但團體同質忽視了學生的個別差異，教出的學生也趨向同質，故無法達到有效的教學。然而，PTS 的教學內容並非以傳統的團體同質為設計概念，而是重視學生的興趣、特質與條件，運用分段式學習模式來解決學生個別差異問題，藉以導出其潛在能力，提高學習成效。

（三）以「主題式教學」取代過往學科導向的課程設計

1. 學科導向課程與教學的優點與限制

　　「學科課程」是以科目為中心，分科設置來編訂課程教材進行教學。「學科課程」的優點是，邏輯性、系統性組織的學科內容能使學生明確學習，對教師而言，也易於進行教學規劃與活動安排，更方便其完成學習評量工作。雖然如此，「學科課程」亦有不少限制，包含（1）在課程內容的組織上，過於注重知識邏輯，容易導致學生重記憶而輕理解；（2）在教學上，易於偏重知識的傳授，而忽視對學生興趣與能力的培養；和（3）過於強調學科的獨立性，不利於學生對所學知識進行橫向連結與綜合運用（劉志軍，2011）。

2. 透過「主題式教學」改善「學科導向課程」之不足

　　「主題式教學」是一種跨學科，甚至超學科統整的概念，運用主題/議題的架構，建構學習目標與內容；亦即透過主題/議題去連結相關概念與知識，再從概念中分析相關學科內容，由於重視跨領域知識的連結，故能改善學科課程在內容橫向延展的不足。此外，「主題式教學」較能引領學生運用多元觀點理解問題、分析問題和解決問題，進而建構系統性跨學科或超學科知能。總之，「PTS 教學法」已跳脫傳統學科式課程框架，強調主題統整，有利於橫向與縱向的

聯繫，使學生學習面向和看問題的角度更具完整性。

（四）藉由微型社會的校園氛圍強化學生關係互動的能力

　　考試領導教學讓「適性發展」與「因材施教」成為空談，更扭曲了教育的本質。過於學校重視智育訓練，造成忽略其他關鍵能力的培養，致使學生思考僵化，難以因應時代改變，亦不利於國家競爭力發展。「PTS 教學法」即透過微型社會的校園氛圍，重視關係互動能力的養成；亦即藉由社會化教學內容的引導，經由團隊學習與實際操演機會，訓練學生如何與人和環境相處，培養思辨表達與團結合作精神，養成良好的關係處理能力，使其未來在全球化競爭和多變的社會環境下仍能持續成長。

第二節　解決當前教育問題

　　前一節談到教學法該因時制宜，順勢進行調整。本節則從教育問題的角度，例如學用落差、學習動機低落、教師工作疲乏、關係動力不足等，說明傳統教學氛圍不足以改善現況，而「PTS 教學法」在解決上述問題的策略與作為。

一、學用落差問題

　　臺灣學校教育長久以來與職場需求存在著嚴重落差，

　　為因應職場競爭與雇主要求，學校教育勢必要與時俱進，教導學生養成未來工作專業知能與溝通表達、協同合作和解決問題的能力（羅聰欽，2013）。學校更應加強與產業連結，透過機構實習等實際操作課程，讓學生對未來職場有更多的認識與了解。

　　面對「學用落差」問題，「PTS 教學法」提供可參考的解決作法如下。

（一）培養社會所需的軟能力

　　許多人認為「學用落差」是知識的落差問題，但實際上是欠缺軟實力的培養（葉丙成，2016）。傳統教育下學生修讀很多知識性理論課程，卻沒有搭配實務演練與操作活動，學生畢業後，社會要的適應能力，如耐挫抗壓、溝通表達、協同合作等，學校課程裡並沒有教，導致其進入職場後適應不良，雇主亦抱怨「學校─產業」學用不合一等情形。因此，「PTS 教學法」主張透過跨領域主題式教學來培養學生社會關鍵的三個軟能力。

1. 以生活經驗為主題，引發學生自我學習動力

　　「PTS 教學法」強調以學生經驗來設計主題式教學；亦即以生活經驗為學習核心，較能有效地引發學生學習興趣與自我學習動機。當學生對學習保有高度動力與熱情時，便有機會養成終身學習的習慣。即使完成學業，走出校門，亦能持續自我提升，隨時精進做好準備，使成為時

代需要的人才。

2. 透過任務取向課程，培養學生解決問題與關係處理能力

　　「PTS 教學法」會設計專案課程，這種以「規劃、執行、反思活動辦理情形」為教學主軸的任務型課程，將主題式教學的重心放在應用層面，透過專案方式引導學生在規劃活動時，學習溝通和討論技巧，並在教學中習得人與人、人與團體、人與環境關係的建立，另於安排活動的過程中加強學生解決問題的能力。

3. 藉由主題式課程，培養學生職場所需的專業能力

　　「PTS 教學法」在學生畢業或校外實習前，須於校內參加自己有興趣的主題式課程，並在課程中接受專業知識與技能的訓練。這種課程雖在校內開設，但其軟、硬體設備均需與真實職場的設備相同，以開平餐飲學校為例，學校即提供烘焙坊，並由學生營運。

（二）將「學校所學」與「社會所用」做連結

　　降低學用落差的另一關鍵要素在於將「學」與「用」做到有效的連結，使學生兼具理論基礎與實作能力。為解決該問題，學校應設計相關課程，讓學生在畢業前即有機會了解校園與產業間文化的差異，及對產業界工作氛圍與要求的基本認識，從中體會到投入職場工作時，個人尚需具備哪些知識與能力，以利他們在學期間即能充實與練

習，而不是進入社會後才開始摸索與學習。

　　PTS「主題式教學」應用於技職教育，並根據「德國三明治教學法」之「主題實習課程」進行調整，提供一個客製化、適合臺灣學校運作與學生認知發展的改良式三明治教學法，以下說明「德國三明治教學法」與 PTS 改良之「理論→實務→統整三明治教學法」之不同。

1. 德國三明治教學法

　　三明治教學是理論與實務相輔相成的學習方式，可讓學生有充裕的時間消化理論，並親身體驗職場實務與操作，是一個有系統結合「學」與「用」的教學模式（溫嘉榮、陳曉平、馬福洋，2004）。三明治教學的實施多在兩學期間在校授課與校外實習相互輪替；亦即學生可一學期在校上課，另一學期在業界實習，如此交替進行修課與實習的教學方式又稱為「輪換式學制」（楊裕仁，李旭梅，2000）。

　　然而，此教學法在學校與業界輪換時間出現過短與頻繁等問題，短短一學期的業界實習，似乎無法真實反映業界工作的實際情況，尤其是服務取向的產業，淡旺季訓練的項目應有不同，而一個學期的實習即返回學校上課，對學生實務經驗的累積，似乎不盡完整。

2. PTS 改良之「理論→實務→統整之三明治教學法」

　　PTS 的分段式教學中，會根據學生認知發展，安排主題式教學，鼓勵學生學中做，強調「教、學、做合一」。PTS 強調理論傳授與實習驗證間的緊密互動關係，與三明

治教學法不同之處在於實施時間的長度不同。「PTS 教學法」認為，學生無法在短期實習中充分習得職場上所需的軟實力，若學生花一個學期時間始適應職場的環境與步調，正要開始吸收資訊與獨當一面時，又要回學校接受校內授課，理論與實務間快速轉換似不符合學生的認知發展，且無助於學生了解產業的全貌。更重要的是，這會讓部分願意加入產學合作，共同培養新人的企業在合作上增添顧慮，畢竟實習學生多在失誤中求成長與進步，企業需投入相當的培訓成本，惟訓練未完成，操作技術未精熟，學生就得返校，這對企業而言，確實效果助益。因此，PTS教學法規劃一整年的校外實習課程，讓學生運用一年完整的時間體驗職場所需的知能，並從中學習。以下以時間順序來介紹「PTS 教學法」所規劃的實習策略：

（1）專業理論結合校內實習

在 PTS 教學法中，學生的課程安排是以主題做規劃。剛入學時，會有認識自我、社會與某項專業的主題課程，藉以引領學生確定志向與生涯規劃，一學期後即將學生依其興趣，分配到其選擇的主題實習課程中（不以班級為單位，而是擁有共同興趣的同學才一起上課）。這種校內實習課程，係為提升學生專業技能及銜接未來實務工作在做準備，因此會提供與職場實境相同的資源設備與工作要求，也開放給學生小規模的對外營運空間，使學生在學校即能學到業界所需的專業技能，以利下階段銜接校外真實情境的企業實習。

（2）與產業機構合作的校外實習課程

　　入學一年半後，學生完成專業理論課程和校內實習課程的洗禮，能力發展已進階至另一個階段，校內課程亦告一段落。在此階段，學校即安排學生進行為期一年與產業機構合作的校外實習課程；使其將學校所學運用於實際場域中，並學習在校內無法體悟的工作倫理、敬業態度等經驗。校外實習期間，學校與業界密切合作，業主如發現學生在工作上有待學習加強之處，會立即通報學校，學生即刻返校並接受教師的關懷輔導。另一方面，校外實習期間，學生亦須每兩周回到學校一天來進行團體經驗分享，並向教師發問工作發生問題時的處理原則。

（3）規劃總結式統整課程了解學生學習成校

　　進入最後一個學期，課程的核心將圍繞著統整能力的提升，教師除規劃分享經驗的「服務課程」和「反思創新課程」外，亦利用學生實際對外的「經營課程」與鏈結職涯發展的總結性「統整課程」，以利了解學生在結合理論與實務的課程安排，及微型社會校園環境的社會化能力養成下，其學習成效是否對應學校擬定之核心能力指標與畢業門檻要求。

二、學習動機低落問題

　　學習動機低落是我國教學現場面對的嚴重問題之一；被動學習已是學生課堂表現的常態。學生缺乏學習主動

性，致使其無心學、應付學、學得痛苦，這樣的現象亦延伸到畢業生在未來職場競爭力明顯不足的窘境。以下說明造成學生學習動機低落的可能原因，及「PTS教學法」提出之教學策略。

（一）造成學生學習動機低落的原因

1. 學習活動對學生缺乏意義

　　與現實生活脫節是單一學科教學常為人所詬病。對學生而言，當教科書內容無法與生活經驗做連結，學生即容易失去學習動機與動力。過往傳統教學較重視知識內容的精準性，而忽略知識的應用性；如何將所學的知能運用在課業、工作生涯及生活中，才是引起學生學習動機的關鍵。畢竟，無法在生活中實踐或應用的知識，缺乏與現實連結的理論，這些紙上談兵的學問對學生而言，是枯燥且無趣的。

2. 標準化紙筆測驗造成學生學習挫敗感

　　雖然多數學校已改採多元評量方式，來評估學生學習表現與成就，然而，部分教師仍以其慣性熟悉的紙筆考試進行學習評量。紙筆測驗的優點是公平、客觀、經濟、簡單，但缺點是評量多以認知為主，甚少顧及學生的技能培養與情意涵養，且容易對擁有其他智能，如操作、空間、音樂等智能的學生造成無助感，進而對學習產生挫敗感，喪失學習動機。

3. 課程規劃缺乏創新

　　部分教師認為教育工作有一定保障，致使其缺乏危機意識，安逸於現狀。更有一些教師為避免增加困擾，教學缺乏創新改變，導致教學內容無法與時俱進，教學方式千篇一律，枯燥無味的講述內容導致學生對學習失去興趣與自發性。

4. 教師與學生缺乏互動

　　師生間互動品質亦會影響上課氣氛與學生學習意願。這裡指的師生互動並不只侷限於課堂上，也包括下課後、校園外的互動關係。試想，如果師生互動對立且冷淡，學生對教師充滿偏見，儘管教師教學多麼豐富有趣，在課堂上恐依舊無法喚起學生學習注意。因此，師生間關係溝通的品質，也是影響學習動機的其中因素。

（二）PTS 教學法促進學生學習動機之策略

1. 營造微型社會的校園氛圍將多元觀點融入課程與教學中

　　學生學習動機不足、學習態度散漫，多是因為其不知「為何要學」和「如何學」。傳統課程與教學較無法吸引學生學習興趣，為引發其學習動機，教材內容應以學生為規劃主體，讓課堂所學能與國際發展和本土社會做連結；亦即從課程中了解知識的力量，對應到個人未來生涯發展，進而發現學問對自己的助益。當學習有了價值，對學業產生認同，學

生的學習動力自然就會產生。

　　傳統教學之所以讓學生覺得學習無用，是因為學校常被打造成一個脫離現實社會的教育場所。在學校裡，學生不知自己未來的發展方向及要面對那些社會挑戰，當然就無法理解學習對自己的重要性。創新教學法都會提到要讓學生有意義的學習，「PTS 教學法」即以「將世界帶入學校」的概念，透過「社會化教學」來引導學生找到學習動機，其目的在藉由把校園營造成微型社會氛圍，引領學生身在其中並與同儕、教師、環境不斷互動，在互動過程裡學習社會化能力。換言之，社會化課程把真實社會發生的處境與案例帶入學習議題中，讓學生認識並體驗這個社會的樣貌與關係，從互動中了解自己，發現自己的不足，從而相信學習的意義，進而願意投入學習。

2. 主題式教學以學生學習興趣和社會力養成為依歸

　　一般認為學生在校的學業表現能看出其學習態度積極與否，但事實上，許多我們以為學習不夠積極的學生，在出了校園後，反而對課業以外的事物感到興致勃勃，並抱著積極學習的態度。由此可知，並不是學生沒有能力學習，而是刻板的課程設計無法引發他們的學習興趣，單一學科知識的教學亦已無法滿足其與未來發展的需求，故教師在規劃課程時，其內容安排與活動設計皆須符合學生背景條件與興趣需求，如此學習才會有意義。

　　在 PTS 裡，「主題式教學」是以增進學生生活經驗與

社會力養成為核心的統整型課程。教師在進行課程規劃發想時，會參考學生的意見與想法，尤其是他們覺得對未來生涯發展想學、要學、有興趣的議題。主題設計中廣納學生各種可行的建議，增加其學習自主性與參與感，在對接學校設定的學生圖像、畢業時應達成的核心能力和學生經驗做連結，應可有效地提升學生的學習興趣與動機。

此外，在 PTS「主題式教學」過程中，教師需了解學生修讀該課程的理由，及其對教授議題感興趣之處。透過教學活動的進行，教師將教材內容轉化為學生可吸收理解的素材，隨時發現學生學習迷思與困難，並適時提供協助。

3. 任務型課程引導學生自主學習

在「PTS 教學法」教師亦會規劃「任務導向」課程，藉以引導學生自我探索、問題解決等能力。「任務型課程」的目的在提供學生一個自行規劃並完成活動任務的學習機會，所有任務的達成與問題解決的方式皆會運用到過往所學的知識與技能，甚至關係處理能力。透過將其所學應用在完成任務的過程裡，學生會從中體悟自己知能的不足，而教師可善用他們此時的好奇心與團體榮譽感，協助其進行學習探索。因此，在這個課程裡，教師不是教學者角色，而是根據學生學習表現，提出問題鼓勵討論、提供問題解決方向激勵其創意發想，和團對整體與個人學習評量。在教學中，不要給學生思考框架，讓他們體會學習樂趣，增強內在動機，強調理解而非記憶，進而帶領其進行自我檢覈，分析自己的優缺點，讓學習過程變得自主自發且有意

義性。

4. 多元評量方式發掘學生特殊長才

　　身處在日新月異的數位時代裡，學生終日接收多元複雜的訊息，對事物的理解與看法皆有個人獨特的觀點。又因學生成長背景與文化刺激差異等因素影響下，他們也有多樣的學習起點與優劣勢。傳統的評量方式較不易了解學生的獨特性，紙筆考試讓鼓勵多元智能發展的教育現場，學生對學習產生挫敗感，進而影響其學習意願與動力。換言之，靜態且單一的評量方式已不能說明學生多元智能展現及其潛能特質，更不能測量出學生的創造力、想像力，唯有透過多元動態的評量工具，兼顧形成性和總結性發現，始能真正了解學生學習過程中的改變與學習後的成效。「PTS 教學法」常用的多元評量方式包括：（1）檔案評量：檔案紀錄沒有固定標準的形式，筆記、學習單、課外研讀、心得感想、優良紀錄、任務作品、主題報告、省思手札等皆可收存其中。教師從學生的學習歷程檔案裡，看到個人學習的實錄，也看出其努力與成長的軌跡（張清濱，2013）；（2）實作評量：重視學生學習歷程而非結果，教師會根據學習過程的表現和最後成果的品質，針對個人或團體進行學習評斷，以決定學生在不同課程裡的學習成效（余民寧，2011）；和（3）真實評量：由於部分課程會將學生的學習活動儘可能接近現實世界，因此著重學生在情境裡產生的應變態度與學習反應。

5. 良好互動關係陪伴學生自主學習

　　提升師生間互動品質，讓上課氣氛更加融洽，是促進學生學習動機的另一關鍵要素。「PTS 教學法」注重師生互動過程，師生溝通管道隨時保持暢通，教師尊重學生的特性與自主性，在課程進行時，常保留時間鼓勵學生提問，並願意傾聽他們的想法，提供實例或譬喻予以回應。另一方面，透過親師生共學的教育環境，共同引導學生對自己的行為負責。學校建立開放自由的文化與氛圍，讓學生在不受限的環境裡，學習如何自己找事做，催化其尋找學習目標，而教師在學生不想學習的時候就給予陪伴與支持。「PTS 教學法」相信，給學生自主空間，會讓他們找到自己真正想做的事，且為了達成目標而投入學習即是一種學習的渴望，那是發自內心的內在動機，如此學習動力才能長久且熱情不斷。

三、教師工作疲乏問題

　　教育職責裡，教師常被賦予多重責任，扮演多種角色，壓力源來自家長、學生、學校同儕和主管、及廣大的社會期許，「工作高負荷、道德高標準」即成為教師工作疲乏的主要原因。傳統上，教師視為學生學習的表率，亦得展現出積極的專業成長動力與教學熱忱，責任感與情緒勞動對教師而言，已是一種無形的壓力。為避免教師工作疲乏、情緒耗竭，PTS 透過關懷的支持系統，喚起教師教學的意

義與價值，搭配協同教學等策略，來相互扶持協助，以舒緩教師面對工作量與壓力大引發的情緒失衡。

（一）打造互動關懷的支持環境

PTS 提供師生相同的支持與關懷環境，他認為教師與學生皆是平等，應該給予相同的機會與包容。除打造教師真誠面對自己、面對挑戰的校園情境與文化，也營造容許犯錯的氛圍，讓師生一同學習成長，懂得自由與界限、權利與責任，並在現實與理想中找到平衡。此外，PTS 會媒合資深教師與新進教師形成經驗傳承與默契培養的教學夥伴，這種教學歷程中的經驗分享與互動對話，對面臨工作繁重、學生問題層出不窮的教師而言，提供教師溝通關懷的平臺不僅是一種情感與專業的支持，也是教師專業成長重要的管道。

（二）有意義的教學讓教師找到工作背後的價值

「PTS 教學法」相信，意義感是基於現實努力基礎上的浪漫情懷與精神追求，是對自己所做事情的價值和使命的認同與感悟。當教師覺得在做一件有意義又有效能的教學工作，會讓他們找到工作背後的價值和意義感，縱使面對許多未知的教學挑戰與成效壓力，但也依然心甘情願地完成他。

（三）建立教師共同學習協同教學

在 PTS 教學過程中，教師不只是教育者，更是學習者；在課程規劃與教學實施時，相當重視教師團隊合作、夥伴關係及不斷學習的動力。以「主題式教學」為例，從議題的選擇、統整課程的設計到教學責任的分配，皆需要運用教師支援協調的能力。透過彼此的教學專業，組成主題式課程的教學團隊，在討論中激盪彼此的創意，設計出最適合學生需求與程度的課程活動；換言之，教師間有效的溝通與互持將有助於教學的進行與教師壓力的紓解。

四、缺乏關係互動問題

綜觀世界國際組織對 21 世紀人才關鍵能力的養成，皆指出個人與自我、他人、社會環境間關係處理的能力，是未來適應社會發展與國際競爭的關鍵要素。而「PTS 教學法」是臺灣唯一將親師生關係對話與關係處理能力的養成視為教學目標之一。畢竟，過往傳統教學裡，教師的「教」與學生的「學」較少激出互動的火花，更別談及家長在教育功能的責任與支持。然而，現今創新教學法提出的教學策略，皆強調學生自主自學、小組合作、協同學習的必要性，及教師社群討論、師生共學等重要性。換言之，以往教與學的獨立體，沒有交集的互動線，現在得透過關係互動的建立與處理，才能發展出真正解決教育問題關鍵的三方（含學校、家庭、社會）團體，而學生、教師與家長則

是關係互動中的主要對象。

　　「PTS 教學法」強調其教育目的應引導學生「心向內」地了解自我，並學會解構自己、建構自己的能力。然而，現在的教育多是「心向外」地考量外部要求，再回推教學的目標與策略，考試領導教學、分數至上、升學第一就是明顯的例子，致使部分學生多尋求外在掌聲與認可，而忽略自己真正想要、需要的是什麼。PTS 試圖啟發學生將學習與生活的焦點拉回到以自己為主體的考量，透過建立與自我對話的能力，不受外界變化的誘惑與影響，了解自己的方向與未來，即是「心向內」的找尋真正屬於自己的發展目標。

　　最後，「PTS 教學法」亦重視學生的溝通表達與對話能力，藉由合作學習與任務型課程，學生學習與他人相處，在活動過程中，試著理解同儕，透過關心、同理、表達自我、傾聽等策略，來處理與他人、團體關係間的維繫與流動。當然，關係互動不僅只有與人的相處，還包含與環境、社會、自然萬物關係的建立；亦即經由「社會化課程」理解社會真實情況，擁有地球村概念，重視環境保育，知道自己與環境的共存關係，皆是 PTS 主張關係對話能力養成的核心理由。

第四章　PTS 教學法理論基礎

第一節　後現代思潮的影響

　　上述許多教學創新與改革理想均來自於對於教學現場傳統教師角色與學習主體的反省，這種反省其實就是對於對過去集體化、現代化、及進步化等主流價值的反撲，與教育相關最鉅的，莫過於法國哲學家傅柯（Michel Foucault）連串所提對於權力（power）不對等的思考，試圖透過對於結構的分析，對個體所處不公平的環境提出批判。此內涵與近年來國內外所提倡的去除教師權威、翻轉課堂教學方式，及以學生為中心等價值，有連帶之影響。以下即整理此一重要思潮（劉北成、楊遠嬰譯，2003），作為與 PTS 教學的對話。

一、思想背景

　　有別於之前對罪犯施予各種不同的懲罰，到現代後，傅柯認為懲罰的制度發生了些變革，就掌權者而言，這些變革或許代表統治階級的一種施惠，但對傅柯而言，這種懲罰方式的改變其實並不是什麼進步，只是在不同時代另一種結合知識與權力的掌控型態罷了。他認為，現代的懲罰原則是建立一套科學的知識體系，在這體系下自然就有其分類正常人與反常的人標準出來。因此，有犯罪的行為，自然被視為是一種違反標準且反常的人，相對之下受到侵犯的是整個社會的權力體系，因此便依正常行為的準則，

施以規訓（discilplne）來改造罪犯。

從權力運作與社會控制的角度來看，這是權力與支配的極致發展，現代監獄只是權力運作與社會控制的一個焦點，其他如學校、工廠、醫院、軍隊等，亦都在執行著同樣的規訓動作。整個現代社會用傅柯的話來說，便構成一個規訓式的社會（disciplinary society）。

二、規訓的社會型態

傅柯認為，儘管在各種場所都有可能產生規訓情形，但是其總有一套特殊的技巧、方法和知識傳播的的方式予以傳播：

> 分配的藝術規訓要求在一種諸如拘禁所、學校、醫院等封閉的系統內進行，目的是要隔絕外來的影響，但是封閉不是持久的，也不是不可少的，它處於一種變化之中，而且它也要求細分，即規訓空間是分隔式的，它讓犯人隔離無依。對活動的控制規訓要求制訂嚴格的時間表，什麼時間做什麼事，都必須嚴格執行，如軍人。組織的籌畫在一個組織裡，根據成員不同情況而確定不同的時間，以便掌握個體時間並有效利用，以軍隊的訓練最能看出。力量的組成藉由透過各基本構成因素的協調組合來建立一種機制，規訓不再僅是一種分散肉體，從肉體中榨取時間和累積時間的

藝術，而是把單個力量組織起來，以期獲得一種高效率的機制。

三、管教的手段

傅柯指出，在十七世紀初 Walhausen 就提到「嚴格規訓」是一種矯正訓練的藝術。規訓是為了造就個體，它是一種把個體看做權力實施的對象，又看做實施工具的一種技巧。相對下，它是一種比較溫和的權力，而不是一種傲慢的權力。傅柯認為，規訓權力的成功，主要是經由一些簡單、溫馴的方式呈現。

（一）層級監視

規訓的實施預先假定一種強制機制，它透過監視而實現，其效果是直接可見的。在軍隊中，由於實施嚴格的等級制，監視的效果最為明顯。在醫院是醫生監視病人、在學校是老師監視學生、在工廠中管理者的監視皆有利於提高效益。事實上，各種機構的建築都是適合於監視的。規範化的裁決每天固定以相同的儀式生活，違者嚴懲。

（二）檢查

是上述二種的綜合體，它是一種常規化注視與監視，藉著對於個體的區分而加以評斷。檢查是高度儀式化，其間結合權力的儀式、實驗的形式、力量的運用和真理的確

定。在檢查中，權力關係和知識關係的交織突顯出來；具備知識的人有規律的巡視、參與管理，並在不斷的檢查中體現權力，同時也留下被檢查者的大量資料，使得被檢查者成為一個案例（case）。檢查使個體成為權力的對象和結果，同時亦成為知識的對象和結果。權力就是這樣透過上述的方式，不是進行壓制，而是進行生產，許多相關領域因此產生，也生產了知識。

四、全景式的監視

　　全景式的監視（panopticism）是傅柯創造的一個名詞，是一種融合上述各種規訓技巧的監視技術，而全景監視最初的發展，是為控制瘟疫而來。為了對付瘟疫，必須實行一些嚴格的措施，包括空間的隔離、關閉城門、禁止活動、違者處死等，再把城市分成幾個不同的地區，各由一名監督官所管理，每一街道各有市政官員負責。這種監視建立在一種持續性的分層監督基礎上，即市政官向監督官報告、監督官再向立法者或市長報告。因此，在一個封閉的空間中，一切都受到監視，個體被固定在一個地方，一切都被記錄下來，權力靠著監督方式滲透到每個角落。

　　傅柯藉邊沁（Jeremy Bentham）所提出的「圓形監獄」（panopticon）的構想，來做為現代規訓式社會的象徵。事實上，邊沁的構想已成為現代監獄的建築藍本，「圓形監獄」是佔地龐大且管制森嚴的建築物，在其中央的天景建一座看守塔，彼此接連牢房，圍繞著看守塔而成一圓形，

並分上下數層。牢房的鐵欄對著看守塔，因此塔中的獄卒即可一覽無遺地監視監獄中所有囚犯的舉動，而象徵權力的看守塔，則以視覺警示的方式使得每一個囚犯都無所遁逃。從監獄推廣到整體社會，傅柯認為「圓形監獄」其實是現代社會的寫照。

五、教育的反思

知識與權力結合成為一體，在現代社會中執行著監視與規訓的工作，掌權者控制了定義知識與執行規訓的權力來監督、分析與評估大眾。換言之，所有規訓工作所依據的理論基礎和行動方針，都是一種「科學化」標準下所提供。從十九世紀至今，這套科學化的標準已越來越細緻與廣泛；根據傅柯的看法，在執行專業過程的醫療、社會工作、教育等，其實也像監獄一樣，藉著專業訂定各種細則之名，卻在現代社會中行著規訓工作之實。

或許傅柯一開始想探討的，只是刑罰與獄政改革的問題，但從檔案分析的發現來看，裡面緊扣的是一種知識與權力運作的關係，所以他用「規訓」的概念，來處理這個複雜的問題。這也就是他為何不把監獄和懲罰制度視為一種政治壓制的手段，而將其視為是一種複雜的社會功能來做分析。他這種深入社會、歷史與文化的層面，分析與徹底批判權力的濫用，在方法上確有值得學習之處。

六、PTS 教學法與後現代理論的關係

　　茲針對「PTS 教學法」與後現代理論之關係進行討論，並以橫軸關係面向和縱軸關係取向分述說明如下。

（一）橫軸關係面向

　　在多元的社會裡，為尊重學生的差異與特色，教學應客製化設計與多面向的階段分析，來滿足學生差異性問題。「PTS 教學法」的「分段（P）」即主張每個學生都是獨立體，各有不同，應根據他們不同的特質來進行分段式教學規劃。這種作法與後現代理論契合處在於，PTS 以多元角度面對學生的個別差異，且為因應不同特質，給予不同階段的教學設計，使學生順性發展。

　　在「主題（T）」部分，「PTS 教學法」強調主題式設計，結合相關領域脈絡分析，整合知識使其豐富化；例如，西遊記絕非僅在國文課出現，他可連結地理、歷史、宗教與民族性相關科目，與後現代多元主義的概念一致。多元主義運用多元面向進行探究，故主題式教學設計即為一種跨學科或超學科的多元學習，使學生建立更豐富的知識連結，提升其思考模式，讓教學更具實用性與多元性，從而促進學生的學習動機與投入。

　　在「社會化（S）」部分，「PTS 教學法」重視學生社會化體驗，希冀透過微型社會的校園氛圍，使其接觸多元文化，並從中學習適應真實社會環境，與不同的人相處互動，

並在變異混沌的世界裡，學習如何權變。「後現代主義」亦
強調多元文化社會的學習，期在多元價值中，人們學習尊
重而非權威性的排他，學習包容而非以西方理性為重心。
藉由學校真實情境的營造，「社會化教學」希望解構學生固
有的社會認知與文化成見，提高學生視野，以迎接未來多
元文化社會的到來。

（二）縱軸關係取向

　　「PTS 教學法」與後現代理論，從縱軸面剖析，PTS
因具有系統性的支持理論做基礎，故重視理論的延伸與連
結，而後現代主義則是以「巨事敘述」（grand narrative）
的方式來描寫思考論述，較不重視理論的體系化，此為縱
軸面向的角度分析其差異。

七、課堂的轉化

　　後現代思維深刻影響著教育發展，使教育能以多元角
度進行分析。在教育目標上，後現代主義提升對個體差異
性的尊重與體認，了解不可能用單一知識衡量萬物，更不
可以同一把尺來評量不同的個體。在教學內容部分，多元
的思維讓教學內容更加豐富；面對多元化社會，「PTS 教學
法」規劃多角度的學習內容，透過不同的論述與觀點，使
學生敞開心胸面對各種環境與挑戰。而在教學法部分，面
對學習程度和背景條件不同的學生，教學不能只用一種模

式來滿足所有人，故 PTS 運用多種課程設計和分段式教學法，在尊重學生特質差異下，使其順勢而為、適性發展。

第二節　社會建構論

一、思想背景

在傳統西方文化裡，如何獲得知識一向是哲學探討的重心。關於人是怎麼獲得知識有兩個主要對立的理論：「教導主義」（instructionalism）與「建構主義」（constructionism）（郭重吉、江武雄、王夕堯，2000）。「教導主義」將知識客觀化，運用外在的客觀事實探究知識，再進行實證研究與分析，並以科學主義為基礎設計，希望運用最少的時間達到最大的學習成效，它較不關心人與人間的互動與情感聯繫。

然而「教導主義」可能教出會考試的學生，學習成效的時效性亦有限，學生並非習得真正帶得走的能力，為改善此一現象，「建構主義」的學習因而產生。從皮亞傑（Piaget）的認知建構論（Cognitive Constructivism）、維高斯基（Vygotsky）的社會建構主義（Social Constructivism），再到格根（Gergen）的社會建構論（Social Construction），皆探討如何改善「教導主義」學習現象可能產生的問題，並運用建構的知識觀，讓學生能學會自主建構與主動學習的能力。

二、社會建構論意涵

　　格根（Kenneth Gergen）是「社會建構論」的代表，他曾回顧大學教育，得出了兩個重點：一是上個世紀對人類生存與發展的最偉大的貢獻來自於自然科學；二是我們對人類行為產生的根源，尚知之甚少（Gergen, 1965）。故「社會建構論」主要在探討人類所處的認知世界裡，他們是如何看待其行為關係，又是用什麼方法來對待社會的關係脈絡。格根認為運用科學方式瞭解人類行為背後的原因，將有助於解決眾多的社會問題，如仇恨、侵犯以及衝突等等，而這正是心理學存在的價值（Gergen, 1965）。

　　「社會建構論」認為人是理性的行動者，人能反映外在的世界，同時反映自我的認知（Gergen, 1996）。它認為人類沒有真正的客觀存在，社會建構將人類的理性進行解構，並指出知識不是對客觀現實的反應，而是主客觀的統一。學習的意涵在將權威知識進行解構，對於「理所應當」的事情進行探究與分析，使其重新獲得新的意義與價值。因此，格根主張社會建構是反二元論的，人類觀念和知識是如何產生，他曾質疑主客劃分的二元理論，認為二者關係既然無法證實，那人們不一定要接受這樣二元的結論，如果拋開二元論的思維，也許可以用一種更好的處理方式來修正對社會的認知（Gergen, 1996）。格根之所以反對二元敘述的方式來分析知識與事物，是因為他覺得人類對生活中的諸多描述不應是「存在」，而是一種「假設」，他希望人們能運用另一種思維來跳脫既有的知識結構，進行解構與反思，或許這個社會能

發展出另一種不一樣的發現與突破，此即捨棄絕對的真理，接受存在多元現實的可能性（許婧譯，2011）。

另一方面，「社會建構論」相當重視對事件知識的反思與批判；它透過從語言、文化和知識中進行懷疑，才有機會重新建構社會的價值，方能使整體環境持續進步。格根表示，藉由「反思」讓人類更加理解背後的意義，而非盲從；社會建構就是一場反思與對文化的懷疑，它並非反對傳統，而是重新認識並探究文化內部的合法性，深入探討合法性危機的問題。

除此之外，社會建構概念對當今教育革新議題下論及之協作與共同體，和「PTS 教學法」倡導之關係處理能力的養成，其中針對關係中的自我探索、解決多元存在衝突與轉化的自我表達與對話、及教師從班級權威領導轉向至關係式領導等，均有一定程度的影響。

三、教育是一個協作與共同體，知識是從對話中產生

傳統教育以將學生培養成「有知識的人」為目標，學生在沒有自我反思或批判思維的能力下，上課所學皆是所謂正確、標準的知識，課程安排索然乏味，記憶背誦的紙筆考試只是為了確認教師認定的答案，造成普遍學生缺乏「求真務實、慎思明辨」的精神與態度。

格根強調教育是一個協作共同體，他將個體的能知者轉而強調知識的集體建構（許婧譯，2011），而學生就是集

體協作的一員，因此打破過往單向教學的傳統，改以「雙向對話」來進行課堂教學，甚至帶領學生進入與外界環境互動協作的學習關係，即把教室與世界連結起來，讓學習更趨近社會生活，如服務學習、機構實習等。

　　另一方面，格根堅信，知識可從對話中產生，既然互動與關係是由「描述」、「解釋」和「表徵」三大元素所組成，透過創造語言、探究語言的本質和探索世界的價值，語言和表徵在關係中即能產生意義；亦即學生在討論、協商與合作的學習過程中，可進行知識解構，再從描述、解釋和表徵中探究並建構出新的知識意涵與架構（Gergen, 1996）。當然，學生在協作課程中，教師應減少控制對話的趨向，讓師生保持同等的主動性，鼓勵並尊重學生用自己的話語來表達問題，甚至挑戰權威觀點。

四、社會建構中過程導向與關係導向之結合

　　「社會建構論」強調「關係」而不是「主體」、「關聯程度」而不是「獨立程度」、「溝通對話」而不是「非理性的批判與對抗」。對於繼承在傳統文化中的知識，找出個人既定存在的制式思想，過程中去領域專家化、去中心化，鼓勵批判思考，多元觀點、多元存在、多聲表達，故社會建構是一種「過程導向」的研究，並非重視績效或結果。換言之，人類對社會既有的假設進行質疑，解構後從關係中，找出與社會的「關聯程度」，再從關聯程度裡，建構與

重新認識社會與文化的關係，了解其對人類的影響與價值。因此，個體行為的選擇應取決於自己在社會所扮演的角色，在與事物間的聯繫關係，故社會並非刻意的集體行動，而是從人群的回應、人際間的互動中，自然而然產生的意義而共同行動。

五、從領導力到關係式領導

格根認為當人們在挑別人毛病時，即開始在彼此之間築起一道分隔的牆（許婧譯，2011），因此相互苛責只會成為關係中的絆腳石。試著從彼此的對話，找出關係中可能存在的「灰色地帶」，探討不確定和複雜的感受，將謬誤與疑慮化解，危險關係就會軟化，再運用尊重的態度，為關係中重新釐清問題的本質並建構價值。他亦指出，人與人、人與團體、團體與團體的關係建立過程中，應將「領導力」概念轉換為「關係式領導」（relational leading），因為「領導力注重的是個人特質，關係式領導注重的則是關係中的人們把握未來趨勢並有效展開工作的能力。欣賞的不是個人，而是協調關係並動員人們採取行動的過程」（許婧譯，2011，頁 254）。透過（1）尊重他人意見與想法的「積極分享」；（2）避免批評而採肯定與延伸他人提議，肯定對方潛力與外加有用資訊的「提升價值」態度；和（3）運用「隱喻」和「敘事」來整理想法與思路，擴大看事情「塑造形象」的角度與層次，都有助於在團體或組織裡提高領導力手段（許婧譯，2011）。

六、PTS 教學法與社會建構論的關係

　　茲針對「PTS 教學法」與社會建構理論之關係進行討論，並以橫軸關係面向和縱軸關係取向分述說明如下。

（一）橫軸關係面向

　　「PTS 教學法」的分段式教學（P）部分，談到階段步驟的抽絲剝繭，尊重不同學生的差異性與學習起點，以溝通複雜性、學習程度、任務難易層面等來進行學習階層分段式的課程與教學引導。教學過程中，如社會建構論所強調，鼓勵學生將既有的知識進行盤點、分類和假設性質疑，再透過自我觀點的「反思」，探究彼此的關係與角色，將既有的思維進行「解構」後，再從社會關係互動中「建構」其價值。這種分段性、尊重多元事實存在和批判反思的過程，皆與「PTS 教學法」理念不謀而合；即從分段式教學中，建構知識、技能與社會軟實力在多元環境脈絡發展下的新知識與適應能力。

　　在主題式教學（T）部分，「PTS 教學法」的主題設計是將目標、策略與評量等相關概念，進行跨領域知識整合與規劃。透過社會建構論中協作與共同體的教育理念，教師不是知識授予者，而是協助學生建構自己的知識系統的陪伴者。PTS 亦認同，知識可以從對話中產生，藉由問一個好問題，引發學生學習求知的好奇心與興求知慾。此外，以學生為主體的課程規劃，打破過往教師為中心的個人主

義，而連結師生間溝通管理的關係處理與對話能力，亦是 PTS 的教學目標之一。換言之，透過對話溝通與關係維繫能力的培養，學生在主題式課程中，經由團體合作的歷程，習得個人表達自己、認可他人、協調行動、到集體決策來共同完成教師所交辦的任務與活動。

在社會化教學（S）部分，「PTS 教學法」藉由學校營造一個微型社會的情境，從中養成學生的專業知能與社會能力，此與社會建構論中重視「社會」影響性的觀點不謀而合。畢竟，個體不可能獨樹一格，PTS 強調學生在學期間，即應了解「微社會」的氛圍與文化，透過社會化課程，從中養成面對未來社會衝突與轉化的自省力、適應力與價值觀，並習得尊重多元個體與文化的態度。換言之，PTS 讓學生先與學校這個小型社會裡的人事物建立關係管道，培養管理能力，進而體認到多元社會下不同的觀點與現實的存在，方能於離校後與他人、團體共同相處，共創新世界與新未來。

（二）縱軸關係取向

從縱軸面剖析「PTS 教學法」與社會建構論即可發現，PTS 適用於跨學科、超學科的主題式教學。藉由找出主題背後應學的知識「結構」，連結相關概念，再從「解構」與「建構」中產生更具完整性的知識體系與脈絡，更重要的是，它與社會環境、生活經驗做結合。再者，社會建構論極為重視語言與對話的關聯性，較為不同的是，社會建構

希望能統合完整的價值，找出其本質，而「PTS 教學法」則是建構在臺灣長期教育發展中，一直被忽略的「學習動機」、「自主學習」、「學用合一」、「關係教育」和「社會軟實力」等教與學問題，更希望解決教育現場親師生三方對話溝通與關係處理能力不足的現況，進而提升教師教學效能與學生學習成效，使其出社會能適應社會生存並得企業工作滿意。

七、課堂的轉化

社會建構論提出去中心化與挑戰標準化，更倡議重視關係的自我和對話的力量，這些論點都讓教育現場融入更多改革的發想與依據。尤其是在教與學的親師生關係中，重新啟動對話者間互動的關係，學習運用尊重的角度去包容與珍視不同的人與團體，甚至環境的聲音，藉由過程中形成的意義與價值，讓教育不斷進步，社會才能永續發展。

第三節　敘事理論與敘事治療

一、思想背景

1879 年德國心理學家彭德（W.Wundt）提出「科學心理學」，近來心理學已從自然科學的客觀量化漸漸走向精神分析的心理層面。但心理學並非脫離科學，而是對心理狀

態有更多的探討，重視價值、尊嚴與多元聲音等後現代元素，發展出諸多以動機、情緒或社會心理現象等相關對象為議題，來進行心理分析研究。

　　20 世紀中葉心理學界產生兩大重要變革，第一次認知革命是推翻行為主義的黑箱論，第二次則是質疑認知的基礎假設，探究是否有一個普遍且共同的認知機制。在這樣的改變與後現代浪潮的脈絡推波下，「後現代心理學」問世，敘事理論慢慢茁壯與成熟。敘事理論的目標並非「預測」與「控制」，而是進一步的「理解」與「解構」，在透過研究文本背後的結構技巧，探討結構的原則、特點與敘述技術。所謂「敘事學」（Narratology）是探討敘事及其結構；「敘事」一詞起源於《十日譚的文法》（Grammaire du Décaméron）（Tzvetan Todorov, 1969），其主張研究「被敘述後的文本」（narrated text），亦即從典故、故事或小說等中，敘事分析其對話中的語言，以探究其背後的心理脈絡。

二、理論內涵

　　「敘事心理學」概念起源於心理學家沙賓（T. R. Sarbin）（1986）在《敘事心理學：人類行為的敘事本性》書中提及「人們透過敘事創造故事，並將其意義化，認為人類運用話語來建構自我概念，任何人群的交互體驗，必須透過語言的建構才有意義，了解故事的本質與人類的關係，不論是在自傳、傳記、心理治療、自我揭露（self exposure），甚至娛樂等，皆自然而然地一系列呈現之，並將其事件歸

納轉換成為故事，敘述就是人類的行為本質」（Sarbin, 1986，頁 23）。自古以來，東方社會就有自己的神話故事、語言結構與文本技巧，而敘述理論即在探究「故事」的結構，並分析「話語」所要表達的意涵。雖然人類相信自己是語言的駕馭者，但更適切的說法是語言駕馭著我們（Crossley, 2000, p.26），因此敘述理論以「語言」為主要研究對象。探究其對話結構，進而從故事中進行重構，藉由敘事的過程與句段結構，將故事情節投射在「意識時間」的思維脈絡裡；亦即歷史是由歷史學家講述而成，而敘事則是當事人完成的心理歷程。敘事本身就是故事的一部分，依過去、現在和未來做為時間的順序，因此敘事理論重視時間的連續性與完整性。

「敘事治療」（Narrative Therapy）是由麥克‧懷特（Michael White）和大衛‧艾普斯頓（David Epston）所提出，它的目的在用一種尊重、不指責的方式，邀請當事者做自己生命的專家；亦即透過重寫個人生命故事的對話（re-authoring and re-storying conversation），來看見其所看不見，聽其所聽不到的故事，將自己從一個被問題充斥的故事中釋放出來。

「敘事治療」認為人與問題應該分開處理，這就是將「問題外化」（externalization of problem），「問題外化」的結果提供當事者一個可以檢視自己與問題關係的空間，並透過找出問題所在，及其所造成的影響，進一步釐清是什麼情況或原因讓問題對自己造成影響；換言之，人本身不是問題，問題本身才是問題（White, 2007; White, 2011）。

除此之外，White 相信人有許多能力、信念、價值觀與力量，皆足以協助個體改變在生活中自己和問題的關係（丁凡譯，2012；黃孟嬌譯，2008）。

　　Heather（2008）曾針對 White（2007）提出的鷹架對話進行量化研究，其結果支持懷特的假設，認為治療師在治療歷程中能有效幫助學生建立自我概念。敘事對話即是引領當事者成為自己生命故事的作者，透過外化—解構—建構—重寫的觀點，讓當事者談論著自己的生活故事，並從其生活經驗裡找到自己原本即具有的資源，藉以找到自己人生的新意義與方向，進而改寫其生活故事。由此可知，「重寫生命故事」是「敘事治療」很重要的一環，亦即當事者重新檢視過往被忽略的生活經驗與故事時，透過對話，他們發現隱在心中的渴望與期盼，甚至價值與承諾，而這顆被喚起的心即會幫助當事者點燃過往的信念與原則（White, 2000, p.38）。

三、人格與自我在生命故事中得以存在

　　敘事理論重視文本的「語言」，分析其結構，找出對話技巧與原則，並進行解構和重構。其研究法係透過主題分析並結合「詮釋學」（Hermeneutics）觀點，透過「先前理解」和「擬情方式」來了解個體；亦即藉由講述自己的生活史（lifehistory）來描繪個人成長過程，探究因果及其與生活歷程的關聯性，並依照時間順序與主題安排進行評估。麥可亞當斯（McAdams）即藉由個人生命故事的敘說，

來研究一個人的人格。因此，想要了解一個人，最好的方式莫過於了解他的生命故事，因為人生在故事中展開，且人格亦在故事中表露無遺（McAdams, 1999）。

自我是講述生命故事的過程中形成的（Ricoeur, 1986）。個體對生活的敘事多以時間為主軸，將一系列散落的事件串聯起來，進而形成一個完整、連貫的人生故事。當然，人是社會的個體，就必然受到社會文化因素的影響；不同的文化為個人的故事提供不同的敘述背景與條件，所以沒有兩個人是一樣的。為了要讓故事精彩，個人亦會依照聽眾與自己的關係，修改故事內容以因應不同聽眾的需求與滿足點。最重要的是，生命故事會隨著時間因素而發生預期或無預期的改變，而這些改變都會是人生歷程重要的轉折點。在經歷生活重要的改變階段，個人可能會質疑自己曾經堅信的信仰與原則，導致他們重新建構自己的生命故事，設定新的目標，故事結局也可能因此朝著另一個不同的方向發展（馬一波、鍾華，2006，p.51-52）。

四、PTS 教學法與敘事理論和敘事對話的關係

茲針對「PTS 教學法」與敘事理論和敘事對話之關係進行討論，並以橫軸關係面向和縱軸關係取向分述說明如下。

（一）橫軸關係面向

　　「PTS 教學法」的分段式（P）部分，重視階段步驟的探究剖析，與敘事理論相同，敘述理論的時間向度即是一種階段性整合，將重構的過去、感知的現在和期盼的未來進行連續性的經驗串連。因此，階段性整合的時間向度和PTS 透過分段式課程設計，讓學生學習有初階—進階—高階、易—中—難、理論—實務—整合的連續性概念，兩者有異曲同工之處，皆是透過階段脈絡來達成目標。

　　在主題式教學（T）部分，「PTS 教學法」重視主題目標，並將相關概念進行連結分析，讓議題得以更加明確，教學可以更具系統性和整合性，與敘事理論相同處在於其亦為實徵研究取向，會進行「主題分析」，以了解主題與外部環境發展的關聯性。

　　在社會化教學（S）部分，「PTS 教學法」重視「微型社會」學習氛圍的營造，其目的在社會化的實境學習和產學合作的無縫接軌，皆為提升學生就業競爭的關鍵要素。而敘事理論分析人生故事，故事即為經驗和社會文化的產物，取其心理歷程與分析語言的影響性，重視生活、文化和社會對其心理故事的影響，故敘事理論亦為「PTS 教學法」之立論基礎，據此提出更具連續性與主題性的教學脈絡。

（二）縱軸關係取向

　　從縱軸面剖析可知，「PTS 教學法」相當重視對話的力

量，並將對話進行「結構」分析，「解構」與「建構」更完整的語言脈絡；敘事理論也重視語言的結構，並將其「重構」進行主題性分析。再者，PTS 主題式教學較屬於「由內而外」的連結，統合相關概念，對文本做系統性的整合；而敘事理論則強調主題的分析部分，較傾向「由外而內」的探究其經驗，重構過去並進行整合的心理歷程。

五、課堂的轉化

　　敘事理論與對話和「PTS 教學法」在教育應用上，皆產生諸多的連結性與統合性。從人群中，了解每一個人都是獨特的個體，都有屬於自己的人生故事，每一個人的故事都有值得尊重與學習的價值。透過 PTS 可以學習社會化的接軌，了解自我、人與人、人與團體、團體與團體間都存在著不同的故事，如何詮釋並找出其共同點，進行統合，進而讓社會更加和諧。

　　另一方面，敘事治療在心理學的運用備受重視，畢竟人的心理狀態並非全由實證研究而來，應結合詮釋理解，了解每個人的生命故事，從中探究其心理特徵的產生與行為變化的可能因素，以達有效的心理治療。「敘事治療」是後現代合作取向的治療模式，它認為個人是根據外在系統的強勢故事來建構起生活的意義；亦即是透過重構的方式，整合生命的「角色」與「劇本」，讓心理狀態成為發電機，產生良好的正向能量，讓自己的生命故事發光發熱。在教學裡，教師透過「提問」來探索或建構學生經驗；藉

由「問題外化」讓學生從不同的空間與角度看問題；利用加入重要他人角色或一系列的提問引導，陪伴他們看清楚生活過程，以利其「改寫故事」；最後，鼓勵學生寫下心得做為進步成長的紀錄，這些都是敘事治療在教學現場上可發揮的功能。

第四節　關係動力學

「關係動力學」（Guanxiology）是由夏惠汶博士提出，主要在探討「關係」、「動力」與「對話結構」的互動能量，重視解決關鍵性的節點問題，並透過「解構」和「對話復健」等方式，讓人與自我、人與人、人與團體關係間產生聯繫與流動。本節將從哲學為基礎的思想背景、理論內涵、實務技術、PTS 教學法的運用及其對課堂的轉化這五大面向進行說明。

一、哲學為基礎的思想背景

「關係動力學」主要的思想脈絡係來自東方哲學，引自易經和老莊學說，並結合西方的後現代和社會建構進行相應融合，東西方哲學與理論即產生了對話（dialogue）與能量流動，交織出「關係動力學」的思想脈絡。

西方的後現代理論批判理性，認為人是有情感的，故後現代重視感覺主義和多元主義，反對歐洲中心、反對體

系化，認為不能讓工具理性宰制人的心，因為工具理性會讓人的心「物化」（objectify）和「異化」（entfremdung）。因此，後現代傅柯即反對二元論對立，更反對功能主義，致使德里達（Jacques Derrida）提出「解構主義」，它並非對結構進行摧毀，而是一種跳脫框架的宰制，以老子的觀點就是「反者道之動」。

「解構主義」又稱「後結構主義」且深深影響「關係動力學」。將對話進行「解構」與「再建構」，進而讓對話產生「動力」，透過「對話復健」啟發反思，學習運用「多元的聲音」去思考，此亦是後現代主義重要的精神之一。在反思過程中，個體讓自己揭露在他人面前，使自己能與他人有更大的彈性，去處理在關係困境中提出各種自在且多樣性，甚至時有衝突的意見（Anderson, 2014）。

茲就影響「關係動力學」的易經、老莊哲學的脈絡進行探究。

（一）易經

「易」字上方是「日」，下方是「月」，易是「日」與「月」，「陰」與「陽」的組合。因此，「易」的本身就具有變化的意涵，其核心就是「三易說」，即「簡易」、「變易」與「不易」，而「關係動力學」即取其核心概念做為發展基礎，分述如下。

1. 簡易

　　一旦人類智慧達某一層次，就會將複雜的道理簡化，轉為易於理解的思維模式，以解決並處理問題。「關係動力學」取其核心價值，在實際操作時，找出對話中的關鍵點，尋找人與人間有效的建立關連，如同「門」與「門框」的關連在於「鉸鍊」或「門軌」。運用易經理念將事件化繁為簡，透過簡易的對話方式，找出結構中的關鍵點，並從關鍵點中進行解構，進而建構出正向的對話能量，使正向的能量在關係中順暢流動，故「簡易」是一種「復健」概念，亦即復健關係中的扭曲隔閡，用易於理解的方式化解問題。

2. 變易

　　宇宙萬物的本質就是「變」，如果離開變化，宇宙萬物就難以形成。世界分秒都在變化，社會時刻都在變遷，如同人類細胞不斷的分裂與汰換，這就是「變易」。在「關係動力學」實際操作中，掌握了「變」的本質，關係需要透過對話產生動力，動力又會影響關係，故關係是會改變的。心若改變，能量品質或流動方式就會改變；關係變更，行為亦會產生變化；行為變動，人生的走向也就跟著遞變。

3. 不易

　　「不易」是指在宇宙本質為「變」的前提下，找出不變的存在；換言之，「變」是不變的真理，這個「變」就是恆常永久，所以變就是「不易」。萬物皆會改變，唯一不變的就是真理，如同價值觀會隨著時代改變，然而無等差的

愛、食與性、七情六慾卻是人類常態的本性，在「關係動力學」的互動中，依循不易的概念，找出人與人間的關聯本質。

（二）老莊學說

　　老莊學說是老子與莊子二者之思想主張。春秋戰國時期，帝王諸侯爭強鬥武，百姓生靈塗炭，為解決紛亂世道各家學說並起，形成百家爭鳴之態。當時出現一派主張順應自然，無為而治的思想，稱為「道家」，以老子與莊子為其代表人物。道家「無為」和「崇尚自然」的哲思即為「關係動力學」的思維根源。

1. 老子思維探究

　　老子《道德經》第二十五章說：「人法地，地法天，天法道，道法自然」，「道法自然」是指「道」順應萬物的發展變化而不加干涉，以聽任萬物依其本性而自生、自長、自化、自成為法則（林語堂，2006）。此外，「道」是宇宙萬物的根源，是一種自然的法則；「道」若應用於教育，則表示應順其自然，謹守本份，發展其本心本性，引導學生順性發展，而不是刻意雕琢，如同烏龜不可能變成夜鶯。因此，「關係動力學」重視「順適其性」，因為教育不該宰制學生的思維框架，而是鼓勵其適性自然發展，然「適性教育」必須進一步再邁向「順性教育」，故「順性教育」即為「關係動力學」之目標之一。

2. 莊子思維探究

　　莊子思想承繼於老子，也主張「無為」與「崇尚自然」的觀點。然而莊子的「無為」是「無」法以人為的執著而有所作「為」；換言之，克制自己執著欲望的能力，尊重萬物本心本性，達到「心」與「道」合一的境界，便能自在和諧。因此，「關係動力學」中認為，人與人間的互動就是要達到「唯無為，而無不為」的層次。就親子關係而言，唯有父母「無為」地放下自己的執著，孩子才能「無不為」的順性發展。雖然如此，父母的「無為」並非無所作為，而是有品質的陪伴，如同熬湯，只需要定時關心，適時調整火侯，而不是為增添口感，刻意添加香料。教育現場亦是如此，只要適時提供學生所需的養分，「無為」而治，並耐心的陪伴與引導，才能使其真正成長與茁壯。「關係動力學」即以「無為」概念，期盼人與人間都能摒棄內心的執著，尊重個體的自然規律，透過關係間能量順暢流動進而產生動力，讓人際間充滿自在與和諧。

　　總之，後現代重視多元的角度，對事物進行解構，跳出框架進行思辨與批判，即運用多元觀點，聆聽多元聲音，這些理念與莊子「無喪我」之拋去自己心中我見和我執有異曲同工之妙。也就是說，將固有的事實或知識進行探究思維，即是一種反思內觀的精神；運用「解構」對話關鍵節點問題，從對話中啟發「反思」，將「對話」提升到「好的對話」，就能帶來能量順暢與建構。再透過「好的心情」達到「好的關係」，讓人際間產生良好的關係動力，順性發

展並反思內觀，以達返璞歸真之老莊境界。

二、理論內涵

夏惠汶定義關係動力是「探討人與自己和人與人間關係能量流動的學問」（夏惠汶，2016）。他指出，「關係動力學」的核心理念為人藉由對話產生連結，好的對話創造好的交流，好的交流帶來好的心情，進而產生好的關係。因此要學會處理關係，就需要先學會有品質的對話（夏惠汶，2016）。也就是說，透過有效的對話來處理對話中結構性的關鍵節點，在正確的位置解構結構中不正確位置，再調整建構到正確的位置。這些調整的過程都是透過對話，亦即運用有品質的對話，讓人際間關鍵聯繫回歸正確位置，以產生正向能量使之順暢流動。

（一）關係的意涵

夏惠汶強調關係是一種連結，是內部與外部的連絡，是生命與生命間的聯繫關係，更是一種關鍵性節點間的聯繫。關係是無形的，但卻真實地存在於生活間；他亦是一種交集、一種流動，故無法獨立存在，得透過非對話或對話的模式，使能產生連結並找出其結構、再解構框架，進而建構出新的共識對話與互動連結。

（二）動力的意涵

　　動力分為機械式「動力」（power）和精神上「動力」（dynamic）。機械式動力是運用外在物質的架構原理，轉化成能量，如水力、風力和火力等，但透過機械的轉化，結合大自然的力量，即產生能量，如馬達，給予柴油燃燒就能啟動機械，此皆屬物質的動力。然而，精神的動力是一種個人意願驅使的動力來源，透過非語言或語言的訊息交流，在相互關係中產生一股動力。

　　「關係動力學」中的動力指的是精神上的動力；動力雖然是無形，但卻可以產生莫大的力量。例如，人群透過對話關係可能產生正向能量或負向能量，如果是正向能量，就是一種動力的流動，讓人感到幸福；反之，則可能造成人際關係之衝突。因此，培養人際間良善的關係動力，產生正向的能量，讓人與人之間關係更加和諧，相互尊重共創永續經營的未來。

（三）關係動力的意涵

　　關係動力在探討人與人間存在著一種關係，這份關係能產生能量的流動，能量流動的方向即牽動關係的好壞，如同水的流動，可載舟亦能覆舟，反之亦可能讓人苦痛難耐，所以關係間的能量流動，與關係的發展息息相關。

　　「關係動力學」是知識與行動二合為一的力行學派。以物理空間來陳述關係動力即是我們日常使用的桌子，它是由桌板、桌檔板、桌腳等元件所組成，每個元件都各自

帶著不同的木頭屬性與特性（在地性文化），如木紋花色、年輪密度、木性軟硬度等，適合做桌板的木頭就放在桌板的位置，適合做桌腳的就放在桌腳的位置，各司其職，即成就這張桌子（組織）。然在結合成一張桌子的過程中，透過榔頭、刨刀等工具（語言），在榫頭跟榫孔間不斷的套合、調整、套合（流動），將結合點（關係）磨合到最穩固的狀態（產生默契），即成為一張堅固耐用的桌子（團體）。

從精神空間而言，每一個體都是關係組成的元素，當每個元素都帶著各自的獨特性，健康且合適的在一起，即能成就一個好的關係。換言之，好的連結，關係就會呈現穩固狀態；人際關係亦同，透過好的對話，能量就會流動。當能量能流動無阻時，關係就會維持穩固的狀態，反之，當關係能量不順暢或遇到困境時，就會呈現被堵住的狀態，關係可能就無法穩固。由於關係能力影響著人的生命品質，當生命處與能量流動的關係中，即擁有解決問題的能力和創造力與自由心。

此外，關係動力如同莊子的「有情有信、無為無形」，雖然是無形，但卻是真實存在，只是無法透過科學驗證。這種動力產生的能量可是正向動力，亦可能是負向能量，它存在於生命與生命間，也可存在於時間、空間、人與人間。「關係動力學」即在解決關鍵性的節點問題，讓節點之間的位置正確，能承受壓力、張力、扭力等，如同「門」和「門框」的關聯在於鉸鏈或門軌，而人與人的關聯則在「對話」。透過「對話」探討語言背後的結構性問題，並非心理的問題；重點在處理對話背後的結構性爭點，進而解

構謬誤框架，再建構出關係中正確的位置，也就是「普遍的共識」（general consensus），以達到正向而順暢的能量流動。如圖 4.1 所示，人與人之間的「關係」，存在著語言與非語言的對話，而「關係動力學」將對話的內涵進一步分析，並解決對話背後結構性內容產生的困境，後設分析語言、話素、句型的「結構框架」，到「解構」框架與宰制，進而達到社會「建構」的歷程，這些語言與非語言的對話歷程即產生「動力」，動力讓人與人間的關係產生源源不絕的「能量流動」，讓「對話動力」產生「好的對話」，提升

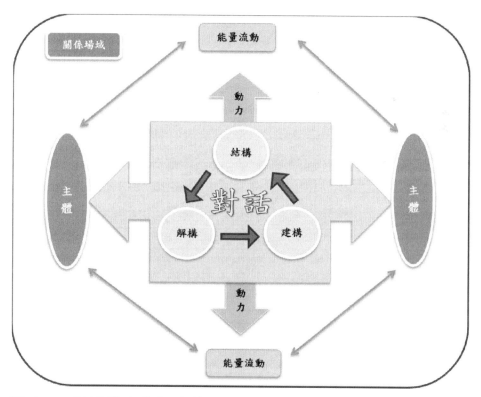

圖 4.1　關係動力學概念構圖

到「好的流動」，再透過「好的心情」達到「好的關係」，
這就是關係動力的根本內涵。

三、關係動力學掌握易經與老莊的人生哲學

　　易經提及「剛柔交錯，天文也；文明以止，人文也。
觀乎天文，以察時變，觀乎人文，以化成天下」，「觀乎天
文」即指觀察自然現象，亦即用心觀「陰陽、剛柔、正負、
雌雄」等兩端力量交互作用而形成的自然世界。「人文」是
自然現象經過人的認識、記憶、解構、省思等方式所觀察
的人文活動，從觀乎天文與人文中，可以發現「變」，《周
易》的核心概念即「生生之謂易」，代表著生命萬物不斷的
變化，生生不息，在日新月異的社會裡，人生更需要有超
脫的老莊思維，不被意識型態所困的概念。

　　老莊的人生哲學在學習一種逍遙自適的人生，它也是
「關係動力學」所強調的一種灑脫、豁達的愉悅境界，即
擁有一顆不受宰制的心。《莊子・外篇・在宥》的「物而不
物，故能物物」就是不讓外在物質或制度宰制心靈，當心
靈不受外物干擾時，即能獨立而存在。關係動力重視心靈
的自由，心不可被外物所操控，即是「無以好惡內傷其身」
《莊子・德充符》的精神。也就是說，老莊追尋一種精神
上的自由，人生目標並非汲汲於名利追逐，更重要的是一
種與自然融為一體，達到和諧境界的超脫與自在，如同「與
造化者同其逍遙」的意境，才是人生重要的哲學心胸，亦

是「道」的深度與廣度。

　　另一方面，《莊子・逍遙遊》以「鯤鵬之喻」為例，從鯤與鵬的不同角色看世界，形體改變、視野交換，看見事物的格局自然不同。因此，生活應以多元角度去觀照自己的人生，而不是將自己侷限於一隅；人生應以順應自然姿態處世，消除既有認知、觀念的束縛，以多元觀點徜徉遨遊於人生，感受真正的「逍遙」。

　　準此，「關係動力學」掌握其哲理，認為人生應順應自然法則，教育工作者更應在合理期待下教育下一代，不可勉強填鴨、揠苗助長，而是「順適其性」，讓個體都能與萬物齊飛，翱翔於心靈天地間，聆聽多元聲音，珍視與尊重個體的互動，讓關係產生正向動力，使自己逍遙而自適。

四、關係動力重視「I-THOU 關係」與「關係責任」

　　「吾與汝」（I-THOU）關係理論是 19 世紀巴博爾（Martin Buber）提出，他認為個體都有主觀世界，這份主觀世界是一種意義，透過人與人關係建立彼此的知識、情意與期待。這份關係是一種平等尊重的對待，並非「吾與它」（I-It）的客觀關係。「關係動力學」重視的不是「吾與它」關係；「吾與它」是一種毫無情感的互動關係，但「吾與汝」即是情感交流的關係動力，他以尊重為基礎的平視對待，每個關係都是互相關聯（inter-related）的，故關係動力重視「吾與汝」關係，讓彼此成為完整的個體。

　　關係動力除重視「吾與汝」關係外，也強調「關係責任」。人群間產生關係，尤其是集體關係裡建立意義時，更應負起這份意義與責任。相互責備是關係責任的絆腳石，當我們挑剔他人毛病時，我們就在彼此間築起一道牆（Gergen, 2000）。

五、運用結構、解構和建構的對話法則產生關係動能

（一）結構

　　傅柯認為權力就是知識，要探究知識背後的理性與非理性，即須探討知識背後的結構（structure）。這個結構可能是強者的邏輯，認為世上沒有客觀的真理，故「關係動力學」首重將對話的內容進行分析，針對對話做「結構」性探究，分析對話的理性與非理性，以處理結構性中可能的偏誤問題，進而從對話中找出結構性的思考架構，再從結構裡釐清對話的語言與思維及自我可能的悖理邏輯，方能跳出框架，找出更具多元的面向，提升自我對話能力。

（二）解構

　　解構主義是後現代主義重要的思想，它認為了解知識的結構是不夠的，結構會隨著時間而變異，故應運用解構（deconstruction），如剝洋蔥般，才能清楚明白其內涵。故關係動力找出對話的結構性後，進一步會進行解構，層層

剝開對話的理性與非理性部分，找出其盲點與中心概念，解除結構，才能讓互動產生動力，產生正向的關係流動。

（三）建構

　　社會建構主義認為知識是透過個人與他人經由互動與理解的過程產生，亦即個人的知識是在社會文化環境下建構（construction）而成（朱則剛，1994）。「關係動力學」即從對話中建構其動力，以尊重為起點，建立彼此良好的互動關係，並運用社會建構的概念，從對話中互動理解，進而產生良好的對話動力。由前可知，「三構法」的目標在使人際互動關係透過良好的對話建構，產生正向的能量流動。

六、對話原則依循「詮釋理解」與「過程導向」

　　詮釋學起源於中古基督教時期，原為了解釋聖經而產生的解經之學，慢慢受到雪萊瑪赫（Schleiermacher）、嘉達美（Gadamer）和海德格（Heidegger）等人的影響，從解經之學走到對文本和生命的詮釋，透過「理解」體認生命，視野交融達到「再體驗」的歷程，擴大對世界的視野。

　　「關係動力學」認為對話不是結果，而是一種過程；透過語言與非語言的對話，個體產生動力，而這動力即是一種力量。從傾聽、思考到說出的過程中產生互動關係，因此，對話是一種過程導向的歷程，再透過詮釋法，「擬情」

地感受對話中的意涵、「再體驗」其對話內容，進而達到「視野交融」的關係；因為唯有經由主客體的融合，方能產生對話的力量，從生命出發，詮釋其衍生的意義，故對話是一種「主動」、「互動」和充滿「動力」的詮釋與理解。

　　總之，「關係動力學」藉由敘事的過程和句段的結構，將故事情意投射在他人的思維裡，讓彼此一同置入「意識時間」中。它結合了「戲劇投射」的方法，讓雙方藉由擬情投射彼此內心的感受，理解對方的「角色」與「心理劇本」，進而產生良好的互動關係及源源不絕的能量動力。

七、PTS 教學法與關係動力學的關係

　　茲針對「PTS 教學法」與關係動力學之關係進行討論，並以橫軸關係面向和縱軸關係取向分述說明如下。

（一）橫軸關係面向

　　「PTS 教學法」的分段式教學（P）重視階段學習的系統性探究，並針對不同的對象與特質，進行差異化分段設計，與「關係動力學」相似處在於其亦有屬於自己的對話階段過程；亦即對話中產生動力需要三個階段，首先必須將對話背後的「結構」找出來，將結構中不合理處進行分析，再透過「解構」過程，跳離制式框架，最後重新「建構」其對話背後所涵蓋的思維架構，產生正向動力，進而讓關係擁有良性的循環（virtuous cycle），此亦在「PTS 教

學法」分段式教學中運用。

　　在主題式教學（T）部分，「PTS 教學法」針對不同主題進行設計，從內而外，由下而上地將其相關論述與議題做融合，讓學生對擬教授之概念完整認識。其與「關係動力學」共同處在於關係動力是以對話為主題，進行「對話分析」釐析對話中的後設認知及其結構狀態，過程中結合社會建構、敘事對話、關係理論、語言詮釋和老莊思想，與主題式教學分析議題時融合多元構念的理念雷同。

　　PTS 社會化教學（S）旨在養成學生社會能力，而「關係動力學」亦重視人際與群體互動。由於正向的互動關係與關係處理是一種社會能力，故 PTS 教學法可謂關係動力的具體應用。

（二）縱軸關係取向

　　關係動力學可說是「PTS 教學法」的上位概念，透過關係動力的哲學底蘊與理論內涵，「PTS 教學法」得以找到立論基礎，為其在學校推動教與學效能改進的氛圍下，找到發展與實踐的合理性。

八、課堂的轉化

　　「關係動力學」與「PTS 教學法」對教育的影響範圍甚廣。就家庭而言，可了解家庭糾紛與誤會可能來自語言或非語言對話方式的偏誤，造成關係上的緊張，故透過對

話的訓練，能有效地改善親子或家庭關係，產生正向的關係動能。從學校角度來看，加強師生、親師、生生、同儕間關係的處理能力，能使校園氣氛變得融洽，且易於溝通協作，間接提升學生表達意願、主動分享與參與意願。再透過 PTS 教學法，針對不同學習程度進行分段式規劃，使學生習得主題式統整知能，藉以達到差異化教學的目的。從社會角度發現，學會處理關係能改進社會氛圍；亦即以尊重為前題，透過良好的對話方式，提升人際關係品質，進而產生良好的正向動力。

此外，「關係動力學」強調尊重生命，相信每個人都有向上性，會自己找出口，照著自己的希望與目標，走出屬於自己的路，而過程中的失敗與挫折，皆能轉換成學習的養分，即是一種順性發展的精神。也就是說，教師順應自然法則，在合理的期待下，了解學生需求，提供學生順性、自主的發展空間，透過尊重的對話機制，聆聽多元聲音，讓正向的師生關係成為學生學習進步的原動力。

第五章　PTS教學法三個理念

第一節　分段式教學

　　PTS 所指的分段式教學會根據學生年齡、參與人數的規模、學習任務與課程內容的難易度、溝通性質的複雜性，以及學生程度與能力等做為分段類型。將教與學層面劃分出由簡到繁、由淺至深的階段，有效地運用分段概念，讓各層面與各階段相互配合，使學生有系統、有組織地在分段式課程架構中循序漸進地學習發展。以下說明分段概念的理念及 PTS 分段式教學與其之關連與特色。

一、分段式概念相關論述

（一）皮亞傑認知發展理論

　　心理學家皮亞傑（J.Piaget）提出「認知發展論」（Theory of Cognitive Development），係指個體自出生後，隨著年齡增長而改變認知方式，及解決問題之思維能力的階段性發展歷程（張春興，1991）。根據皮亞傑長期對兒童的觀察與研究，他認為兒童的成長會以階段形式出現，透過平衡歷程從一個階段演化至下一個階段。換言之，每一階段的發展皆為後一個階段的基礎，雖然成長的快慢可能因個人因素或文化背景不同而有所差異，但發展的順序性是不會改變的。

　　再者，皮亞傑強調認知發展和學習是二件不同的事情，認知發展可以決定學習的成效，但學習卻不會任意改

變認知的成長。兒童的學習能力有一定的成長順序，因此，教材與教法在學生不同的發展階段，應有不同的安排與特性，故該學派認為，教育應配合學生的認知發展進行階段性課程設計與教學規劃（黃湘武等，1985）。

（二）布魯納認知表徵理論和螺旋式課程

認知心理學家布魯納（J. S. Bruner）深受皮亞傑的影響，其提出之「認知表徵理論」（System of representation theory）有二個重點：1. 個人透過知覺把外在環境的事件轉換為內在心理事件的過程，稱之為認知表徵（或知識表徵）；2. 強調學生的主動探索，認為從事件的變化中發現其原理原則，才是構成學習的主要條件（張春興、林清山，1992）。「認知表徵理論」把認知發展分成「動作表徵」（Enactive Representation）、「圖像表徵」（Iconic Representation）、「符號表徵」（Symbolic Representation）三個學習階段，尤其是符號表徵期的學生，能採用符號、文字等方式來表示他們所認識的外在世界，並開始運用語言，使用邏輯與數學。布魯納認為，學習是學習者將現有及過去的知識與經驗為基礎，進而建構新概念或新知識的主動過程。

「認知表徵理論」在教學的應用，係指教師在教學過程中，應充分了解學生，才能規劃出最適合他們認知發展階段的教材與教學順序，其後才考慮個別差異與教材不同。因此，布魯納提出「螺旋式課程」（spiral curriculum），

強調教材設計應從具體到抽象、由簡單到複雜，讓每個階段的學習都自成一個圓周，猶如螺旋般上升，使學習的內容在不同層次中有不斷複習的機會。此外，為使學生新舊知識得以銜接，教師的教學亦須搭配課程規劃，重視學生的學習動機與準備程度，再透過內容的加深加廣，使其習得完整的知識內涵（教育部教育 Wiki，2014）。

（三）蓋聶學習條件論

教育學家蓋聶（R. Gagne）主張學習是一種認知歷程，他的「學習條件論」（The Conditions of Learning）認為，學習有階層性順序的特性，低層學習即為高層學習的基礎，亦強調學習是由學習者和環境交互作用後產生的結果。他提出學生學習條件有兩項，一是存在於學習者內部的「內在條件」，係指具備不同的先備知識與不同的認知處理技能；二是「外部條件」，屬於學習者所處的學習情境，是教師可以控制與安排的部分，也是教學活動設計的重心。不同類型的學習內容不僅涉及不同的先備能力，也需要不同的教學安排，以規劃出適合的學習情境。蓋聶主張教師應了解學生的「內在條件」，提供其由簡入繁的教學教材，並在教學中扮演積極支持的角色，充分指導學生「學什麼」和「如何學」。

黃光雄主編（1996）當中提到，在教學的應用上，蓋聶將八個內在學習歷程與九項外在教學活動做連結，為不同學習歷程之需求提出不同的教學策略，如表 5.1 所示。

表 5.1　學習歷程與教學活動對照表

內在學習歷程	外在教學活動
1. 注意力驚覺	1. 引起注意
2. 有所期待	2. 告知目標，激發動機
3. 回憶至工作記憶	3. 促發先備能力
4. 選擇性知覺	4. 呈現學習材料
5. 編碼貯存	5. 提供學習輔導
6. 行為反應	6. 引發行為表現
7. 增強性回饋	7. 提供回饋 8. 評量行為表現
8. 引發回憶	9. 加強學習保留與遷移

資料來源：黃光雄主編（1996），頁 75。

（四）奧蘇貝爾有意義學習理論

　　認知心理學家奧蘇貝爾（D. P. Ausubel）主張，真正的學習應是有意義的學習。他提出「有意義學習理論」（Meaningful Learning Theory）認為，唯有學習者自己發現知識是有意義的，學習才能成為真正的學習。「有意義的學習」強調「認知結構」是學生學習的基礎，它是學習新知前所擁有的能力與經驗，新知識的產生即建立在學生的先備知能基礎上，故欲使學生產生有意義的學習，教師在教導學生時，需了解其擁有的認知結構（張春興，2013）。

　　除重視學生的先備知識，「有意義學習」亦強調「概念層次」，即所謂最上層的概念是指學習內容的要領概念，它是個體原本就有的認知結構，而下層則為附屬概念，是對外界的細節記憶。奧蘇貝爾認為，有效的學習應是由上而下，

即細節的附屬概念「掛」在高層的概念之下。此外，他也提出「前導組織」理念，認為教師於教學前，提供學生一窺新知全貌的內容重點，可縮短學生「已知」與「將知」間的認識差距，提高其學習效果。

（五）新版布魯姆認知領域教育目標分類

布魯姆（B. S. Bloom）等人於 1948 年提出研究發現，認為教育目標應進行界定並發展出測驗學家能採用的共同架構，以利規劃評量目標與內涵，也順便釐清教師教學與學生評量間的關係。布魯姆等人提出教育的認知、情意與技能三大領域，各領域再據以劃分其教育目標，其中又以認知領域目標和 PTS 分段式教學最有關聯。1956 年舊版的認知領域教學目標，分為「知識、理解、應用、分析、綜合、評鑑」六大層次；各層次由低至高，每層次又再細分為較小的層次，且較低層次的認知是為較高層次認知的基礎。

2001 年 Anderson 與 Krathwohl 等多位學者將布魯姆認知領域教育目標進行修正。新的分類法將其目標分成「知識向度」與「認知歷程」向度兩部分，前者協助教師了解教什麼類型的知識，如事實知識、概念知識、程序知識、後設認知知識等，後者則強調學生保留與遷移習得知識的程度，包括「記憶、瞭解、應用、分析、評鑑、創造」等。表 5.2 新版的布魯姆認知領域教育目標分類能幫助教師於設定教學目標、安排教學活動與學習評量時，有一個統一明確且具階層的架構（葉連祺、林淑萍，2003）。

表 5.2 新版布魯姆認知領域教育目標分類表

知識向度	認知歷程向度					
	1.記憶	2.了解	3.應用	4.分析	5.評鑑	6.創造
A.事實知識						
B.概念知識						
C.程序知識						
D.後設認知知識						

資料來源：葉連祺、林淑萍，2003，頁 102。

二、PTS分段式教學與相關論述之連結

（一）重視學生認知發展

　　從皮亞傑的「認知發展」到布魯納的「認知表徵」，皆說明認知有一定的發展順序，故教師於設計教學時，應考量學生的認知發展情形；亦即每個人都會經歷認知的成長階段，每個階段的發展都是下一階段發展的基礎。然而，在傳統僅以年齡分班分段的教學環境裡，同一年級的學生在學習時所處的認知發展恐不盡相同。依皮亞傑所言，成長的速度會因個體的經歷或文化背景不同而有所差別，若只以年齡做為學習分段的單位，則不免有粗糙之虞。

　　PTS分段式教學強調從教學內容、人數規模與課程性質等因素，將教與學各層面劃分出由簡到繁的分段概念，配合學生的學習程度與條件，逐步學習漸進發展，設計規

劃時階段與階段間的連結亦強調其知識與技能培養的緊密性。換言之，透過不同教學階段的分類，不再視年齡或年級為唯一學習層次劃分的標準，而是從學習內容去考量教學內涵與學生認知發展的相符程度。

（二）鼓勵螺旋式課程

布魯納所提倡的螺旋式課程將學習教材依學生的認知發展分為不同階段進行教學；亦即同一學科教學內容隨著學生學習程度，不斷地將知識結構加深加廣，猶如螺旋般使相同的學習內容在不同的階段都有不斷複習與精熟的機會。

這樣的課程設計在 PTS 教學中相當常見；以專業課程為例，課程內容有理論、實務與統整三個階段，透過知識的深化與連結，使學生專業知能層層建構與應用。亦即從理論的理解到實務的操作，再到統整的反思與回饋，分段式教學使課程內容系統化且具連結性，學生在學習歷程中亦能逐步建構知識並不斷地練習熟練。

（三）活動設計考量學生學習條件與先備知能

不僅是課程安排需依學生的發展需求來做規劃，教學內容與活動設計亦是如此。蓋聶將「學習條件」分成內在與外在；前者是學生在學習新知時的認知處理歷程，後者則是教師設計教學活動或情境時，因不同類型的學習內容涉及不同的認知處理，故採不同的教學設計來規劃合宜的

學習活動，而 PTS 分段式教學即是呼應學生學習歷程來設計每堂課的活動流程。

　　除此之外，蓋聶認為學習有階層性順序的特性，當先備能力夠充足，即能奠定下一個學習階段的基礎。同樣的概念，奧蘇貝爾「有意義的學習」亦強調學習新知識前所擁有的能力與經驗是學生學習的基石，欲使學生產生有意義的學習，教師所傳授的知識應建立在他們的先備知識基礎上。以 PTS 分段式教學之參與人數規模為例，學生一開始先參與人數較少的小組活動，在小組團體中學習溝通表達、培養良好的關係處理及完成任務的能力，當小組任務的學習經驗成為學生的先備經驗後，即成為進行全班性大型任務活動的基礎能力。

（四）利用認知教育目標分類概念來規劃教學目標、活動方向與評量工具

　　布魯姆認知領域教育目標試圖界定出教學的共同性架構，以利教師用以規劃教學的目的、內涵與評量。修正版的二向度分類表能幫助教學現場的教師，在設定教學目標、安排教學活動、教學評量等工作時，有一個統一明確且有階層別的架構為依據。

　　PTS 的分段式教學即採用此分類概念，以其層次的架構來規劃課程運作與教學活動的目標及學習評量的參考依據，以產生一個完整的教與學歷程。例如，在困難程度層次的各階段中，PTS 教學法分成執行、計畫與企劃三個階

段，這三個階段難易程度皆不相同，與之相對應的認知發展與知識內容向度亦不一樣；換言之，教師運用認知領域教育目標的二向度分類表來檢視教學是否教到所需的內容並規劃合適的評量方式。這三個階段的知識向度雖都包含如表 5.2 A、B、C、D 四個向度的知識，然在執行階段的認知歷程向度可能包含較多的是記憶、了解、與應用向度，而後的計畫與企劃階段則會比第一階段包含更多的分析、評鑑與創造三個較高層次的認知發展。再透過如此階層架構的分類，PTS 分段式教學即分析課程中所需的評量方式，並藉以檢視內容是否有遺漏沒有教到，進而讓整體的教學活動設計與學習成果表現更加符合學生程度與條件。

第二節　主題式教學

主題式教學是以主題統整課程內容的方式，讓學科間知識進行連結，其理由在於學生花費許多時間在校學習知能，但離校後，運用其所學來因應或解決真實社會所發生的生活議題或職場問題的能力卻顯不足，這已是現代教育面臨的一大考驗。為促使學生理論與實務結合，所學能應用於生活中，教師就必須透過以議題或主題或問題導向的統整課程與教學，來協助他們增強其社會所需的知識與技能，而非如過往獨立學科一般的界限分明（陳明鎮，2001）。也就是說，學校教育亦應如社會生活般，將知識進行跨領域整合，使學生學習能運用於社會，而非碎片式的知識。

　　「主題式教學」在歐美、紐西蘭、日本等國已行之有年，其授課內涵融合不同學科知識，透過議題進行整合規劃，除擺脫過往框架的教材限制外，藉由收集多樣且豐富的真實案例做為教材，以連接學生生活經驗，應可提升其學習動機和學習參與，進而促進其學習成效與未來出社會後的連結運用程度。Downing 與 Lander（1997）指出，比起單一理論的解說，主題式統整教學更能強調「教」與「學」歷程發展，其不僅能提供學生問題解決、演繹、歸納、推理等挑戰知識的機會，更能強調合作及批判思考的學習。

　　PTS 教學法中提倡的主題式教學，即是課程整合中的跨學科或超學科整合模式，它是一個以主題為教學核心的課程設計，規劃上因應學生學習需求和社會發展議題，考驗教師教材設計能力及其對主題的認識與了解，相當自主且沒有學科界線。換言之，課程的主題可由師生共同決定，或由教師配合學生興趣能力與關注議題而決定。

一、主題式概念相關論述

（一）課程統整的發展脈絡

　　根據吳榗椒和張宇樑（2009）對課程統整的歷史發展指出，Hopkin（1937）曾從心理學角度，提出統整是自我意識的統一觀點，即為一種在社會演進過程中，經驗事物、聚積或結合學習資訊的混合歷程，故主張課程與課程間需具有相關性與集中性，而這就是統整的概念。

　　二十世紀冷戰時期，在美國與蘇俄太空工業的競爭之下，美國開始強調知識專門化、分科化的課程改革，從此學校教育裡課程與教學改以教師為中心，知識被切割成不同的科目，統整學習即被疏忽，教材內容亦與生活脫節。直到二十世紀末期，學者才開始強調知識的建構與整合，並將焦點轉向為全人教育，且重視學習須與生活經驗連結的統整學習。另一方面，杜威（Dewey）（1916）亦主張，成長是由經驗不斷地累積而成，故學習與生活是不可切割的。他的論述指出傳統教育分科課程的弱點，也喚起學生學習內容與生活經驗出現斷層的危機。因此，貼近社會環境與生活經歷的課程觀逐漸被學者重視；亦即強調學習情境與內涵應符合真實世界的生活，讓不同的學科知識，如生活般自然地連結在一起，使學生在校所學的知識都能於現實生活中運用，讓學習有意義。正如林佩璇（2000）所言，主題式教學是重視生活的課程，強調主動分析與建構知識的意義，而不僅是單純接受他人的知識。

（二）對傳統分科課程與教學的省思

　　根據任慶儀（2009）、陳明鎮（2001）、黃炳煌（1999）與方德隆（1999）等學者之論點，對傳統分科課程與教學進行反思，以了解主題式教學實施的必要性。畢竟真實世界的知識是整體且不容分割的，然而傳統的分科教學卻將知識劃分界線，尤其當生活中所面臨的問題非單一學科知識可以解決，學生在校習得的知識又無法與生活經驗做連

結，易使他們對學校的課程內容提不起興趣，更別說要參
與投入學習中。因此，學校課程必須適度做統整，才能反
映出真實社會的知識樣貌，使學生意識到所學知識是對生
活有幫助、有關聯的。另一方面，後現代或後結構主義皆
認為知識並非固定，而是社會建構而成；換言之，傳統的
分科知識過於片段且與社會分離，缺乏社會建構的基本概
念，而主題式課程與教學即重視學生主動建構知識的能力。

　　此外，過往單一學科課程是以 40 到 50 分鐘為一節課，
學習時段是固定的，並不會依學生學習需求而做調整，故其
常在剛投入學習氛圍時即被鐘聲打斷其思考運作，有時下一
節課還會更換課程或換教室，更是打擾學生完整學習的機
會，如此重視按表操課的學習制度與課程安排，確實容易忽
視完整學習的重要性。林佩璇（2000）即主張，統整學習比
分科學習更有學習效果且具意義性，尤其是主題式教學因須
配合學生學習興趣、生活經驗、增能目標、社會需要及學科
知識的進展加以設計，故其課程設計是為一有機體。

二、PTS 主題式教學與相關論述之連結

　　綜合吳楨椒與張宇樑（2009）和李克難（2008）之研
究，主題式教學之內涵與前述觀點可歸納為以下五點。

（一）主題式課程與真實世界議題之關聯性較強

　　傳統的課程模式學科間缺少相互關聯性，且未能反

應現實狀況下整體知識的樣貌，致使其與真實世界的關係變得較低，導致學生對在校所學提不起興趣與動力。但主題式教學主張教育應來自真實學生的經驗與需求，且認為知識不可被分割，統整的知識能力才有助於其解決日常生活的問題，對學生而言，亦是較有意義的學習。當學習對學生產生意義時，學習就變成有趣的活動，學習動機亦會隨之提升，而教師在課堂中扮演的角色也不再是知識的傳遞者，而是引領學生進行思考、提問、互相協作的引導者與協助者。尤其當課程與教學經過意義化與趣味性整合後，學生較會專注投入活動並參與學習。

（二）主題式教學強調學生主動建構知識意義

主題式教學視學生為意義的建構者，而教師即是營造學習情境的關鍵者，透過具統整性的學習結構與議題，鼓勵學生主動探究問題並解決問題。如此一來，學習並未預先設定固定結果，而是在課程活動進行中，教師將學習的責任回歸到學生身上，學生必須擔負起問題解決的責任，即成為主動的知識探索者。

（三）主題式教學以協同合作方式激發學生潛力

Vygotsky 提出的「近側發展區」概念深受課程統整學者的認同，其理論認為透過與同儕間的互動或協助，學生可以超越現有能力，進入潛在發展層次。而主題式教學善

於運用協同合作的活動設計，讓學生相互討論意見、分享經驗以共同解決問題，透過彼此搭建鷹架的過程，進而使其學習達到更高層次的發展。

（四）主題式教學讓親師生皆可參與課程主題之選擇

主題式教學的主題可由師生共同規劃而成，有時甚至亦可邀請家長、社區人士共同參與設計；換言之，與學校相關的互動關係人皆可成為課程規劃的參與者，透過共同設計課程活動與提供相關資源和訊息，使其在討論過程中彼此了解與成長，使課程不斷被活化與創新。值得一提的是，當教師給予學生決定課程主題的權利時，學生較會對該課程有一份責任與參與感，並願意更加投入於活動學習中。

（五）PTS主題式教學的規劃模式

主題式教學的特徵就是它必須圍繞著一個「大概念」來設計，而這個概念必須是重要且具持續性價值觀念的主題。當教師決定某個核心概念為教學主題後，會將其他學習目標做為課程活動的框架（林遊嵐，2011）。以蜘蛛網的結構做比喻，網的中心即是主題，從中心主題即可延展出數個相關的副主題（林遊嵐，2011），用以說明為了解學習主題或議題時，學生須擁有那些知能或學習條件。另一方面，在進行主題式教學設計時，教師須建構兩個學習層面，

一是跨學科，甚至超學科知識內容的建構，二是學習方法或策略的配合。根據陳明鎮（2001）與廖智倩（2002），主題式教學的設計程序可歸納為：評估與選擇主題→發展與主題相關的概念並設計統整架構→規劃教學活動→設計學生評量方式→檢核課程活動是否達成學習目標等步驟。

挑選教學主題是統整型課程最重要的一環，為使主題符合學生需求及其擬發展的知識與技能，議題範疇可由師生共同討論後再做決定，其中包括學生社會力養成、教科書延伸議題、學校重大慶典或活動、地方文化、時事發展與社區資源等，皆可成為選擇主題的條件。唯一要考量的是，主題的內涵必須能融入跨科、跨領域知能應用的學習目標，其適切性亦要思考是否符合學生能力、程度與興趣，並與不同學科教師進行知識整合可能性的討論，聆聽其對議題教學架構和教材整合合宜性之建議。換言之，教師根據教學主題收集相關教材資料，分析學生知識背景與程度，組織並歸納主題概念與學科間的系統脈絡，及設定學生擬習得的學習目標等，皆是發展主題式教學整體架構的關鍵因素。

教學的整體架構確定後，教師會提供學生兼顧認知、情意與技能領域的學習活動，以協助學生達到預設的學習目標。設計教學活動應考量活動安排順序及活動呈現方式等。透過邀請學生一同參與教學活動的設計，加入學生規劃元素，會使主題式教學的內容更貼近其需求，他們的學習投入程度亦會因此較為提升。此外，主題式教學活動多會以合作學習模式進行，此將有助於學生同儕支持與自我

學習。

　　再者，評量是檢驗學生學習表現的方式，主題式教學不鼓勵教師採用紙筆測驗做為評量的唯一方式，而是使用多元評量工具，如檔案評量、實作演練、企劃報告、服務學習、上臺簡報等，做為檢視學生對課程是否達到深度理解與應用，問題進行評估與有效解決等策略運用情形。也就是說，為確保設計的主題課程能有完備的規劃，教師應了解學生學習過程中可能會面臨的學習問題與困境，故需仔細評估課程目標、學習內涵、活動安排與評量方式是否妥適，持續找尋適當的教學策略並不斷進行課程調整，以設計出更適合學生學習的教學內容，確保教學品質。如同荷蘭於 2016 年 8 月實施基礎教育新課綱，提及其改革重點在養成學生跨領域的橫向與通用能力（transversal /generic competences）及跨學科的工作能力。在協作的課堂學習中，荷蘭亦重視學生於主題式學習（Phenomenon-based learning）時，能與教師共同參與課程規劃並進行合作學習（國家教育研究院，2017）。

　　綜上所述，在當今這個資訊與知識爆炸且更新快速的時代裡，主題式教學已是漸受國際認同的統整型教學法，它不僅強調知識的重要性，更以培養學生解決問題、溝通表達、創新思維等社會軟實力為主的教學模式，因為唯有透過跨領域、超學科的主題教學，方能養成學生因應社會所需的概念性知識整合能力及其他橫向連結能力。

第三節　社會化教學

　　PTS 教學法中所稱之社會化教學，強調學校成員間（含學生、教師與職員等）關係的建立，且重視彼此間互動與溝通；其主要方式在營造學生、教師間互動的氛圍與環境，重視每個個體的主體性與自由，並在可控制的教學活動裡，透過鼓勵互動與強調關係建立的教學安排，打造學校具備微型社會的氣氛，引導學生成為社會裡獨立且有價值的主體，共同建構出有系統的社會化教學情境。以下針對社會化教學理論及其應用進行說明。

一、社會化概念相關論述

（一）社會發展理論

　　心理學的社會發展指出，個體自出生後即與社會環境接觸與互動，直接或間接地影響其人格發展。所謂自我人格發展意指個體在成長階段中，受到社會文化因素的影響，其社會行為會隨著年齡與所學經驗的增長，而使個體在對待自己與他人的行為上產生改變的歷程，這種發展過程即是「社會化」。

　　透過社會發展理論的觀點即可理解，個體與社會互動會影響一個人的人格發展，而社會化教學法即是一種強調師生、同儕間對話交流的教學方式；教師試圖在有限制的規範中，營造一個鼓勵師生對等互動的氣氛環境，讓全校

成員在此氛圍中，有自信且平等地相互交流。亦即設計以學生為中心的教學模式，重視其自主發展的課程架構，培養學生互動溝通及人際關係處理的能力，使其養成完整、正向且積極的人格特質。

（二）符號互動論

符號互動論學者米德（G.H.Mead）認為，社會代表個體間是有組織、模式化的互動。他強調人類不可能脫離社會去了解一個人的自我，而是必須視社會為一個結構體，在經由不斷地溝通互動與理解，自我意識才會形成（侯崇文，2002）。米德即指出，每個人在不同場合需扮演不同的角色，人們藉著角色扮演來形塑自我意識。而角色扮演的能力即是社會功能與秩序的基礎，唯有個體擁有自我思考的能力，才能去想像或理解他人的態度與想法。

符號互動論是以符號做為社會生活的根基，強調人們是從團體中依據符號的溝通進行角色學習，進而習得生活周遭各種事物、符號的意義與價值觀。它強調個體與社會的互動關係，並認為人能在溝通交流與分享過程中始能取得自己想要的訊息，從而進行情境的再界定及行動方向的再計畫；也就是說，透過溝通及互動的歷程來維持或更改原本社會所賦予的意義表徵（呂瓊萱，2005），而個人對週遭事物的看法也會影響其行為表現（侯崇文，2002）。

由此發現，在教育的應用中，欲使學生產生有意義的學習行為，教師擁有效能的教學，師生間的符號互動與同

儕間的意念溝通、對話、交流，及學生自身的經驗詮釋與
反省思維是非常重要的（呂瓊萱，2005）。

（三）團體動力學

　　團體是成員兩人或兩人以上，為完成特定任務與目標
而相互結合而成的組織體。團體成員間會彼此影響依賴，
他們有互動的規則，且對團體擁有一定程度的認同感與向
心力（王恭志，2002）。團體動力是指團體的運作本身就是
一種動能和發展動態的過程（宋鎮照，2000），它能使團體
活動保持流動，這樣的力量會影響團體成員及整體團體的
行為，其運作模式包含溝通與互動模式、凝聚力、社會整
合和影響與團體文化等四個面向（夏林清，1994；莫藜藜
譯，2008）。

　　在溝通與互動模式裡，互動是一種交流的過程，可透
過身體、語言、非語言、情緒等行為來表達；沒有互動就
沒有團體，因此互動可說是團體最重要的核心動力。溝通
是互動的一種方式，成員間溝通管道的不同，將可能導致
團體溝通發展出不同的互動模式，或對團體有益亦可能造
成傷害，故溝通可視為是一種改善人際關係的技術和方法
（宋鎮照，2000；莫藜藜譯，2008）。在組織裡要營造民主
開放的氛圍，就要讓其成員能平等自主的對話與交換意
見，那就是良好的團體溝通互動模式（王恭志，2002）。

　　團體的凝聚力是團體成員間彼此相互的吸引力，亦可
說是團體團結的象徵。如果團體成員間的凝聚力高，其內

部的一致性也會提高，團體動力自然就會提升；相對地，如果成員間缺乏互動且組織鬆散，討論問題常常無法產生共識，便難以形成團體動力（宋鎮照，2000）。凝聚力對團體來說是重要的，擁有凝聚力的團體成員較願意表達並傾聽對方正、負向的感受，亦會較有勇於承擔責任的意願。當然，凝聚力對成員的成長也有一定程度的正面影響；亦即處在具凝聚力的團體中，成員會為協助團體達到目標而較有學習的動機，表現也會變得較為積極。

　　再者，透過社會整合的力量，能使團體順暢運作與合作，使團體成員在凝聚力下，有共識、秩序與效能地完成使命或目標（莫藜藜譯，2008）。而社會整合力量則包括社會規範及成員應扮演的角色，規範是用來管理成員行為的原則，使成員在團體中知道那些行為可以做，那些是被禁止的。另一方面，為維持團體的運作，團體每位成員皆需擔負起不同的職位與責任，也會因情況改變，所扮演的角色隨之調整。

　　最後，團體是由多元背景的成員所組成，成員透過團體的討論與分享，以了解彼此的價值與信念，進而形成特有的團體文化。團體文化的形成，會讓成員感受到一種自在與歸屬感，而不會有被疏離的感覺（莫藜藜譯，2008）。一個民主、自在的組織文化對團體及其成員都有正向的影響，因為團體的自主氛圍和信任文化會使成員更加為自己的行為負責，也因為對組織的認同感，致使其增加解決問題及達成任務的動力，及適應團體及外部環境的能力（宋鎮照，2000）。

二、PTS 社會化教學與相關論述之連結

（一）社會化教學能培養學生自我反思等社會力

　　符號互動論強調團隊學習的重要性，透過成員間的交流互動及團體規範的引導下，以「深度會談」和「有技巧的討論」來獲得同儕間情感分享、資訊交流、問題改善，進而達到彼此觀點的轉換歷程。PTS 的課程規劃亦重視學生參與自我觀察、自我判斷和反思等相關活動，使其產生正向的自我意識，並改善其學習效能，進而強化他們的學習動機與投入意願。

　　此外，PTS 社會化教學透過具體互動的經驗、自我觀察與省思、形成抽象概念與類化、在新情境中檢驗概念內涵等循環過程，使學生更加了解自己在團體中所扮演的角色，並養成因應環境變遷的適應能力與自主性。也因為它重視個體與所處社區環境內之人事物互動分享的機會，藉由服務學習、志工服務等活動的安排，使學生對社區環境擁有責任感並願意分享所學，以促進提升其自我學習意願與成長效能。

（二）透過團體動力 PTS 社會化教學營造親師生共學的情境

　　傳統教育多採規範學生常規與秩序為目的的管理模式，然而這種制式化教學環境不僅容易壓抑學生的學習與創造力，也易教導出其服從特質，如此教育模式顯然已不

符 21 世紀人才需求與競爭條件。畢竟當今教育須融入民主精神與多元樣貌，並尊重學生自主與公平的基本人權，然過往傳統教學設計是一個「過程─結果」的直線模式，與現代化多元社會強調的學習內涵與活動安排豐富性，有截然不同的取向。

後現代多元與民主的學習環境與課程教學亦是提升學生互動能力、營造平等溝通管道的主要方式。為此，社會化教學極為重視並鼓勵學校成員以積極、肯定、正向、平等的態度來處理人際關係溝通問題，希冀透過親師生和諧互動，達到社會化的教育意義。在具體運作方面，PTS 教學法期待教師能傾聽學生的聲音，並以公平的立場適度提供其建設性的回饋與意見。以下就社會化教學中的分組任務活動和民主氣氛營造兩項策略，來說明團體動力在其教學中之運用。

首先，在教師課程活動的安排部分，學生次級文化所組成的小團體與班級內各個團體所產生的團體動力，在教學上有顯著的影響力。因此，教師的課程活動應可改變學生團體動力的性質，亦即運用學生團體的可塑性，改變過往以教師為中心的教育規劃，轉成由教師和學生一起共同經營的教學模式。即以學生為校園學習的主體，在正式或非正式課程中，教師扮演適時引導而不是急於幫助學生做決定的協助角色，如此將有助於學生養成獨立自主、負責任的社會能力。

其次，除採用傳統的講述型教學模式外，PTS 社會化教學更強調教學要融入民主精神並包容多元發展，以培養

學生參與社會、服務社會的實力，其中最具代表的具體做法就是將課程以「分組任務型」活動的方式進行之。學生分組時會考量其學習的階段性影響，故任務型課程活動則較偏重應用層面的主題式教學展現。在分組方面，重視學習成員學習成效的全面提升，把不同學習階段的學生適度打散後再融合，靈活地運用主題式課程的活動設計，將不同性質內容或不同活動型態的課程進行不同的分組，使每一個小組成員都可在不同同儕間相互學習。PTS 社會化教學能善用分組策略來促進學生間彼此互動，以增加凝聚組內同儕的向心力與團體共識，進而產生學習上最佳的團體動力。

再者，PTS 社會化教學不贊成傳統以教師為中心的教學模式，更反對權威式的師生關係，故強調學校所建構的社會氛圍必須是後現代多元民主的社會情境。教師必須改變過往威權者的角色，改以站在跟學生同等的高度，陪伴學生一起學習成長，適時地在生活或課業上引導學生，以建立學生獨立自主的能力和民主的風範與素養，使其在平等正義的學習氣氛中，展現個人的特色與風格，並學習欣賞彼此優點與相互互動的能力。課堂中，教師尊重學生所提出之觀點，並讓學生藉由民主程序來共同建立班級約定與秩序，再透過同儕間的相互約束與分享學習，使其獲得對團體的凝聚力與個人自我意識成長的能力。

另一方面，在團體動力的應用部分，民主的校園和平等的組織文化對團體及其學生都有正向的影響。公平的團體文化會使學生覺得自己在組織中受到重視且被合理對

待；換言之，當團體成員在群眾中感受到自我的力量與權利時，就會促進其自我效能的提升，並為自己的行為負責，且為使團體達到預期目標，更會增加其解決問題與使命達成的學習動力。

最後，規範是用來約制成員行為的原則，使其在團體中知道共同的行為準則。表面上看來，規範似乎是與自由的後現代觀念背道而馳，其實規範本身並不是只有控制、權威等負面意義，其賦予的教育意義除約束學生不當的行為外，亦提供其行為發展方向及維持社會互動的和諧，使學生知道什麼是「應該做」與「不應該做」的行為，因此，PTS 社會化教學會在學校這個開放的教育環境中，建立核心規範來要求學生一同遵守，以維持校園和諧。

貳、實務篇

第六章　PTS教學法操作模式

　　開平是所學風開放自由的餐飲學校，重視學生受教育的歷程而非結果，主張教學非灌注，而是點燃其學習熱情。開平的辦學，許多想法、理念與作為都是全校教師摸著石頭過河，一步一步累積出來的經驗與成果。以下 PTS 教學法的操作模式即是以開平餐飲學校為例，說明其課程規劃、活動安排、模式建立與行政支援等實踐的方法，環環相扣方能使 PTS 教學法整體結構更具實踐性與完整性。

　　PTS 教學法需要透過實踐彰顯其精神，此精神是一種愛、自主與尊重的陶冶，亦是順性發展、知而後行，是一個富有人文內涵且深具系統方法的教學法。承前所述，PTS 教學的運作方式是以分段式教學、主題式教學和社會化教學三個面向進行操作。透過開平餐飲學校的實際運作，發展出 PTS 三大教學核心主軸，從做中學、生活實踐、對話溝通、主題活動和適性分流等方式，讓學生透過學校營造出微型社會的概念進行課程規劃與教學設計，讓學生於畢業前即與職場產業無縫接軌，並從關係處理中成長茁壯，以培養真正帶著走的專業與實務能力。

第一節　分段式教學操作

一、以「學群制」活化課程與教學

　　開平餐飲學校以「學群教學團隊」和「督導制」來活絡全校課程與教學，亦即以學群團隊做為規劃「協同教學」

教師人力的單位，一個學群就是一整個年級，像是一個「分校」的概念，也近似大學的「學系」分類。以開平而言，全校共分為四大學群，含新鮮人學群、成熟學群、主廚之家及第二部，而專業技能學群則配置一至二位專業教師，教師間亦因課程需要而相互協同支援。各學群教師統理全學群事務，過往每個學群會依班級數搭配一位行政人力，惟因行政與教學在開平已逐漸取消界限，故所有教職員等人力皆可依學群團隊之需求來調整並決定合作模式。

　　學群教師在督導教師的協助下，均擁有專業自主的權責，如學群之主題式教學設計、上課時段安排、團隊決議學生成績給予之標準、教學資源的分配與應用（含預算下整合使用教學設備、教室空間調度）等。各學群會固定於每日晨昏召開協同教學研討會，接受同儕的監督與指導，並於寒暑假中規劃新學期的教學進度與準備事宜。督導係來自校長室團隊，以協助師生團體動力判讀、教學方法、決策澄清與溝通，並承擔起提升教學品質的績效品保責任。

　　為使課程與教學更趨靈活性，學群打破單元時段的教學限制，取消全校上課與下課鐘聲，並把上下課時間的決定權交給學群教師，原則上三個小時為一個大單元時段。每日早晨學群教師召開協同教學研討會時，學生即進行類社團活動的通識課程，並由行政幕僚及支援教師共同擔任指導工作。

（一）學群運作方式

　　開平學校的學群是由十數位不同專業科群的教師（含語文類、數理類、餐飲專業、商業類、資訊類、生活類、社會科學類、輔導類及體育等）共同肩負起教學任務，及整個在校的年級學生共同組成。每個學群會配置學群督導，學群教師於每日晨昏、寒暑假皆須接受督導的指導。督導的任務是協助學群教師設計超學科或跨學科統整課程的主題，完成協同教學及檢核其教學目標，判讀師生團體動力的教學效能，釐清與溝通行政及教學決策，並協助學群教師解決教學所面臨的問題。

　　學群教師需於每日上班的第一個小時即召開教學討論會，決定當天的教學目標及進行教學前的協調與分工。學生放學後亦會再次召開學群教學會議，以分享當日教學心得與問題討論。透過不斷的行動反思，教學討論會的主要探討議題如下。

1. 「教學經驗分享」：目的在理解教師於當日在教學工作上的成就或挫折感，期透過分享歷程，以達到同儕教師相互支持與共同解決困境的目標。

2. 「特殊學生議題」：教學討論會中學群教師會針對特殊學生狀況進行討論。由於開平已打破班級導師和輔導教師制度，故期望每位學群教師皆成為第一線的輔導教師，而討論會的個案分析即是教師學習輔導知能的專業發展時段。

3. 「課程規劃問題」：由於開平的教學是依照主題前進，

教師需在發想主題的當下即能推演到後續課程設計的重點，因此定期聚會討論課程規劃與活動發展是有其必要性。

4. 「其他相關協同事宜」：討論會中亦會與行政團隊或其他學群教師進行支援或協同合作的議題討論。且為使後續之成熟學群教師能接續課程規劃發展的工作，新鮮人學群設有督導及助理督導各一名，以利隨時支持或諮詢該學群教師的課程設計與活動安排，而成熟學群則置一位督導。

（二）學群教師的教學信念

成為開平學校超學科或跨學科統整教學的學群教師必需具備的條件是，首先，他們必須認同課程統整與經驗學習的教學理念。學群教師在開平被期待能從課程與教學的本質進行哲學思辨；即知識既然是整體的，課程就不該被切割成破碎的內容，且教學需從學生經驗出發，打破知識分科教學的框架，才能引領他們創造知識價值與應用性。

其次，教師需有跨越領域開展知能連結的訓練，根據「開平學校本位課程發展綱領」，由於開平的設校宗旨與辦學目標以發揚餐飲專業為目的，故所有課程皆需與餐飲領域知能發生連結，教師必須要有拓展多元能力的意願，特別是認識餐飲專業。為達到主題式教學的目標，教師須互相學習、截長補短，打破專門學科分別授課教學的保守觀

念，因此教學團隊勢必得充分溝通與協作。

　　第三，教師需參與教學行動研究的聚會討論，每日晨昏兩次的教學研討，有教學督導共同參與，針對中短期進行的教學內容及每日親師生互動、學生學習表現情況進行討論。討論過程全程錄影，為主題式教學發展歷程的分析提供第一手紀錄，留下傳承與學習檔案，所有學群教師都成為這項行動研究的主要參與者。

　　第四，教師要有意願成為教學權責自主的主體；亦即學群教師在學校理念發展方向上，可經由共同決策一起決定各種課務的執行方式，與督導直接溝通，只要符合學校辦學精神與教學理念，學群教師的創意多能實踐。例如，決定因主題需要而打破班級分組教學、課程進度規劃、課表時間排定、多元評量方式、學群教室空間調度等，但相對的，學群教師也要共同承擔起學群與教學及學生輔導有關的行政與教導業務。

　　最後，教師要能樂意學習團體動力知能及面對衝突與解決問題等技術，以利敏於判斷學生整體及個別狀況，介入必要的操作及調整，轉化學生的動力，引導其進入學習狀態。此外，教師團隊的合作關係勢必要面對彼此背景與理念的差異，且透過必要的衝突，討論溝通後再合作向前，因此，協同教學使得團體動力的學習更具必要性。

二、以「觀監護」機制提供學生反思機會

（一）開平的觀監護意涵

　　學生在觸犯團體生活約定的規範後，學校將召開法治會議，審酌學生的個案情形，評議學生是否需輔導改變學習環境或有其他替代改過方案。開平的法治教育中設有觀監護機制，即是再給予學生改善的機會、管道與資源，並藉由導入老師、家長的力量、關懷與支持，幫助學生做出選擇或協助改變行為。

　　法治會議決議公告後，學生有兩週的時間在家自主學習及反思自己的行為，並決定自己是否爭取回開平就讀。被評議為「改變學習環境」的學生，則必須在這二週內決定是否於適當時間，如學期結束時輔導轉學，或提出申訴，並於申訴庭中說服法治陪審團成員改變原判決；或找到願意協助的教師或家長擔任當事人的觀護老師或觀護人，且進入觀護程序，改以留校察看並暫緩執行改變學習環境之決議。自「改變學習環境」公告日到觀護成立期間，屬「監護權移轉」期，學生暫停學習活動，若要找教師晤談須事先約定並辦理會客手續，才能得以進出校園。

　　觀監護是違規學生以承諾改變來爭取留校就學的機會，學生要遵守與觀監護教師的共同約定，像是定期晤談或是提出改進計畫等，觀監護期間至少六個月，在此期間學生若再有違反約定事宜，教師可終止觀監護關係，該名學生即成為學校無法提供教學與輔導服務的對象。

1. 觀護

　　違規的學生經法治評議為「改變學習環境」，未選擇申訴而直接找教師擔保的途徑稱之為「觀護」，它是自我救濟的一種方式。觀護教師需對學生進行價值澄清，以身教及言教來影響學生，並讓學生學會為自己的行為負責。被觀護學生若再次違反學校約定，則觀護教師停權半年，以落實教師對被關護學生的承諾與教導職責。另一個途徑是透過家長會管道，尋求受過法治教育訓練的志工家長進行觀護工作，而被觀護學生的家長亦需到校參加親職成長課程，並加入家長會志工服務，參與「易子而教」的行列。

2. 監護

　　經法治評議為「改變學習環境」的違規學生若提出申訴，在申訴庭中提出改變行為的方式與承諾，並獲得陪審團改判留校察看的決議後，學生即尋求教師成為其監護人，協助進行觀察、評估是否完成承諾，此一方式就稱為「監護」。在開平，教官是為常設監護教師。

（二）觀監護實施程序

1. 教師觀護

　　（1）申請觀護的學生，需自行尋找教師洽談，以獲得其同意後擔任觀護老師，並填寫申請教師/家長觀護承諾書。

　　（2）觀護教師/家長/學生三方需進行協調，學生與家長

須執行約定條件，並交由法治組依程序陳報核定後執行。

（3）被觀護的學生須嚴謹遵守與觀護教師之約定承諾。觀護期為六個月，期間一旦違約，即視為自動放棄申訴資格，並回歸「改變學習環境」的途徑。

（4）在觀護期間，觀護教師需每週與被觀護學生深度晤談一次，並填寫校內觀護輔導紀錄手冊直到觀護期屆滿。觀護教師須連同校內觀護輔導紀錄手冊提報法治組，經法治委員會評估該學生是否需要繼續觀護（如圖6.1所示）。

（5）觀護教師會主動積極介入學生輔導，透過不斷價值澄清的過程，使學生能發現自己、了解自己。

（6）若學生在觀護期間表現良好並有顯著進步，由法治委員會得於期末的擴大法治會議上判決不需繼續接受觀護，並公告取消觀護、撤銷留校察看。

（7）每個觀護教師最多同時觀護二至三名學生，觀護期間若學生違約，須主動提報法治組。其他教職員亦可提報法治組，一經提報查證屬實，教師停權觀護學生半年。

2. 家長會觀護

（1）當學生及其家長放棄申訴權，主動提出觀護申請，會與家長會輔導小組約定個別晤談時間。

（2）家長會召開家長會輔導小組會議，依學生手冊規

範及個別差異審核學生提出之承諾條件，決定是
否受理施以觀護輔導事宜，並製作「學生觀護輔
導約定書」，將審核通過之學生名單轉交法治組
依程序陳報核定後執行（如圖6.1所示）。

（3）家長會輔導小組依約定書內容執行觀護，審查學
生於觀護期間，是否確實履行承諾，並提供觀護
紀錄表，做為學期末擴大法治會議中，撤銷觀護
的依據。

（4）對未履行承諾的學生，家長會輔導小組將提出終
止家長會觀護，並邀請家長到校會談，決定是否
願意限期改善，持續觀護；或重新約定，改變觀
護人；或自願放棄觀護，改變環境，並由法治組
簽奉核定後公告。

3. 教師監護

（1）經申訴而留校察看的學生，可自行與有意願輔導
的教師洽談，如經雙方同意，則向輔導組取得申
請教師承諾書，並經學生/家長/監護教師三方同意
而執行監護，交法治組依程序陳報核定後執行（如
圖6.1所示）。

（2）監護期至少六個月，監護教師需不定期與學生晤
談，並確實填寫學校之監護紀錄手冊，受監護學
生須遵守與監護教師間的改善承諾。

（3）監護教師做為陪伴的角色，確實記錄留校察看的
過程，且於期末呈閱監護狀況表報告。

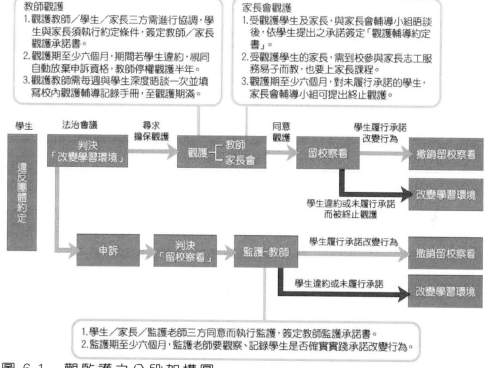

圖 6.1　觀監護之分段架構圖

三、以「專業分流」引導學生學習能專精扎根

（一）開平「專業分流」的意涵

　　在開平餐飲學校，新生入學一開始是不分科組別，而是經歷近一學年的餐飲試探課程和中西餐實習課程，當學生對中西餐課程已有初步認識後，即進入認識餐飲與自我亮點限制的連結，透過自我探索的歷程，設定其下階段的

學習目標，並選擇自己喜愛的餐飲領域，朝向專業深耕邁進，此即為實施餐飲「專業分流」的目的。

由於中餐與西餐在食材運用與先備知識上有所差異，因此中西餐專業分流主要是在一年級下學期末才進行。透過與師傅教師面談等活動，協助學生了解並確認自己對中餐或西餐的興趣與意願，以利未來的餐飲學習方向能有更進一步的規劃。學校專業課程分有「中餐組」、「西餐組」、「烘焙組」及「餐服組」。新生自入學起，在一年級上學期四個組別的課程都會參與，由於烘焙的基本功是以揉麵團、百分比換算為主，與中餐和西餐著重的基本刀工較為不同，因此在一年級上學期末會先進行烘焙班的選組，學生進入烘焙班後，專業課程即以烘焙為主。

未進入烘焙班的學生則在一年級下學期時，專業實習課程以中餐與西餐課程為主，並於一年級下學期末時，讓學生進行中餐組與西餐組的選擇。學生選擇自己想要專精的組別，而二年級的專業實習課程即以所選的餐組課程內容為主。

（二）「專業分流」的目的與內容

開平課程進行「專業分流」的目的，是為了讓學生做自我能力盤點並設定未來學習方向，為學習做準備，並釐清其與家長之意願。透過與師傅教師面談提問，幫助學生再次釐清個人意向，以確定自己未來的餐飲學習方向。再透過家長通知書暨意願調查統計，實施中西餐分流的面

談，最後才公佈中西餐學生分組名單，以利進行後續處理。未分流之學生，學校會將其集合後再次進行第二次面談，最後公佈分班結果。

四、以「三明治教學」結合理論與實務

（一）「三明治教學」的意涵

　　「三明治教學（雙軌制）」源自德國「學校與職場輪替的教學」，學生先在學校裡學習理論與通識教育，然後再到業界實習以磨練技能、驗證所學，最後再回到學校將理論與實務，知識與技術做一番統整，用較宏觀的態度進行個人的生涯規劃，使自己能在未來的餐飲業職場裡發揮所學。

　　開平的「三明治教學」，主要以基本培訓→校外實習→統整與補強為運作模式，結合理論與實務應用來奠定學生的學習基礎，然後透過校外實習來熟悉產業環境與氛圍、培養專業倫理、態度與應變能力，再經由體驗與深度理解，從而評估個人是否有投入餐飲產業的決心（技能學習為其次）。最後，學生回到學校整理其校內外學習經驗，統合相關能力，以培養其畢業即可就業的專業人才。

（二）開平「三明治教學」的實務運用

1. 基本培訓

　　如圖 6.2 所示，開平的基本培訓是「三明治教學」的

第一層，主要是讓學生習得餐飲綜合概念，包含知識與技能層面，旨在培養與訓練其進入餐飲業的基本能力與專業知識，並在開平的實境模擬教學餐廳完成實作訓練。透過課程結合實務的銜接和轉換，為邁向下一階段校外實習做預備。

2. 校外實習

校外實習為「三明治教學」的第二層。雖然在職場實習，但仍視同它是在校學習，故學生除需遵守學校所規定之教育法規與相關辦法外，亦應遵守「學生成績考查辦法補充規定」之要求。由於校外實習是學生體驗真實就業情境的學習機會，因此除非有特殊理由且經學校核准外，學生要遵守紀律，是不可擅自離開實習機構。

開平學生於校外實習階段時，每兩週須返回學校進行返課課程做經驗整理，教師亦能藉此獲得第一手業界生態的資訊或需求，以做為日後課程設計與活動安排的參考依據。學生如果自行中止實習或因違反實習機構的規定而被退訓，都必須進入輔導系統，由教師了解學生於實習場域中所發生的問題並給予輔導與協助。

3. 統整與補強

「三明治教學」的第三層即為統整和補強階段，學生在經歷一整學年的校外實習後，回到學校將對業界職場的實際經驗與所學進行反思，與學校課程相印證、比對、融合，與同學師長交流、分享。有學習不足的部分，則利用

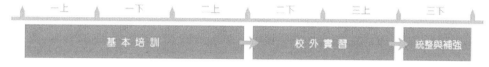

圖 6.2　分段理論之三明治課程架構

學校的資源加以專業補強與技能增進。如有學習成功的經驗，亦需能分享給學弟妹、老師和師傅。透過再次餐飲知能的統整與補強，學生將更清楚自己的生涯規劃，並決定是否進入餐飲業就業、或選擇繼續升學、或跨出餐飲領域來追尋自己更有興趣的學習內容。

4. 三明治建教合作教育

　　為使學生在理論與實務兩面兼修與統整，以養成其成為餐飲事業的基層人才、或繼續發展為餐旅高級專業人員及餐飲相關行業人員。開平餐飲學校運用三明治式的建教合作方式，讓學生在二年級下學期到三年級上學期間，進入有規模、有信譽、富教育熱忱的餐飲業界機構進行實習；亦即透過「做中學」的過程中，累積學生的經驗值與多元能力，評估其對投身餐飲的興趣與志向。這種與企業機構單位合作，使學生體驗職場生態、講求務實致用的教育方式，即為開平的三明治式建教合作教育。三明治式建教合作教育實施方式分為三個階段。

（1）第一階段：一年級第一和第二學期及二年級的第一學期，學生在學校上課，以一般陶冶、傳授相關知識為主，接受餐飲養成教育。

（2）第二階段：二年級的第二學期和三年級的第一學期，
學生實施建教合作教育，以實習一年為原則，就其
專業理論及實務科目在業界進行「做中學」的學習
歷程，以實際操作為主。並於學期中及寒暑假期間
返校修習一般基礎課程，並做個人經驗整理與分
享。

（3）第三階段：學生於三年級的第二學期在學校上課，
以利整理其所學的知識理論、技術技能、臨場應變
和工作經驗得失等探討，並統整餐飲業所需的相關
進階知識與技能，希冀能與自己的生命價值做連
結，找到自己的生涯目標與工作願景。

5. 建教合作期間的課程規劃

（1）定期校外訪視與返校課程

　　學生於校外實習期間，學校會定期指派教師實地了解
學生建教合作教育情形，並填寫訪視紀錄，同時亦需安排
學生隔週返校及寒暑假期間返校進行一般課程的修讀。評
量成績及格者，兩學期共授予 10 學分至 16 學分（18 小時
一學分）。學生在分發之建教合作教育機構接受實務修習餐
飲理論與實務科目課程，成績及格者，每學期至多授予 24
學分，兩學期合計至多授予 48 學分。

（2）返校課程內容

　　學生於實習階段會定期返校參與課程研習，其課程內
容規劃如下。

（1）關懷時間：返校學生會選擇自己喜愛的家族成員與家族老師，依約定時間聚會，進行小團體分享討論，凝聚家族向心力，並建構個人支持系統。

（2）主題分享：運用班級團體分享座談的方式，與同學及學弟妹交流互動學習心情與所得，抒發自己在校外實習的經歷，並分享其所遇到的問題與解決方法。

（3）文章閱讀與學習單：透過特定主題的分享、訪談與紀錄，加強學生書寫溝通及閱讀、摘要的能力。

（4）體適能檢測：開平透過體適能相關活動，來舒緩學生生理與心理壓力，並檢測其身體狀態，務必培養良好的體格與心態來面對餐飲繁複的服務工作。

（5）影片欣賞：透過短片賞析，開平讓學生練習聆聽外語，觀察說話者的表情與肢體語言的能力，進而學習如何從關鍵詞、表達者的表情或語言來判斷語意。

（6）實習報告書：實習學生需對個人實習機構及其職務實作經驗進行經驗整理，透過個案分析、實境觀察、照片與文字紀錄等，了解自己一年來的學習與轉變，學會蒐集資料並統整分析實習機構的優缺點，精益求精，以做為日後釐清生涯方向的參考。

（7）環境清潔：每週以家族為單位，輪流清掃上課場地，加強學生對器具使用的方法，並培養其環境維護的習慣。

第二節　主題式教學操作

一、以「跨學科協同教學」進行同儕協助

（一）開平的跨（超）學科協同教學

　　開平餐飲學校之學群制協同教學有「新鮮學群（一年級）」與「成熟學群（二、三年級）」。每個學群由 10-15 位教師共同設計整個學群的教學計畫、教材及教學法；每位教師分工指導一個特定班級，並依其不同專長相互支援各種課程，且於期末共同參與學生學習評量。

　　此外，開平導入學生助教制度，凡經過餐飲專業學科及術科訓練並完成校內外實習返校的三年級學群學生，可申請擔任「助教做中學課程」。經由面談過程始成為一年級或二年級學群的助教，是教學系統中的一員，能共同參與學群教師與學生的教與學活動。這些助教群的角色既是教學群的教學合作者，也是協同學習者，更是學生群的同儕協助者。這樣學習型大團體社群，透過不斷地從團體成員自身及外在環境訊息的互動中，產生經驗學習，再循環回饋到師生身上。而教師的角色則從知識的傳遞者轉換成能力的啟發者；學生從被動接受改變轉為自主自發學習，透過不斷反思與持續對話來更新自己的學習經驗，這就是開平的協同教學理念。

（二）跨（超）學科協同教學的原則

　　美國後現代學派大師 Doll（1993, 1999）認為，評量與課程間有直接的關聯性。以開平為例，開平沒有統一的教材，而是採用主題式教學，發展主題式課程，也因此發展出不同的評量工具與檢核方式。透過系統化的質性評量，多面向地呈現學生的學習歷程與成果表現，因此在課程與評量上力求能符合 4R 原則。所謂 4R 原則源自於 Doll 的《後現代課程觀》，其重點強調課程內容的「豐富性（rich）」、「回歸性（recursive）」、「關聯性（relational）」和「嚴密性（rigorous）」，也重視師生藉由共同參與、探究及反思所形成的質性評量。開平的評量即包含學生的自評與互評，也納入教師觀察與家長的評分，務求透過細緻且多面向的檢視，來了解學生的學習脈絡與真實改變，並藉此回饋到課程目標與教學活動設計上，使師生在教與學共同成長。

1. 豐富性

　　豐富性係指課程的深度與意義的層次，及課程多樣化的可能性與解釋性；亦即課程要有豐富的內容，應包含深淺不一的問題及有模糊、有待探索性的概念。教學初期或可能會干擾學生的認知觀點，但隨後透過啟發思考和省思的討論與變動，進而挑戰其學習思維，進一步促進學生學習心態與意願的的內在轉化。以開平的主題式活動課程而言，就在檢核活動設計是否具豐富性，能否提供學生習得

搜集與彙整資訊的能力，及嘗試使用不同方法與策略來解決問題等。

2. 回歸性

Doll 的回歸性是指再次出發的意思，是一種反省的過程，其目的在使學生發展能力，使其能有意義地組織、探究並運用所學。回歸不等同重複，因為重複是現代主義的元素，指在封閉系統內不斷反覆練習以達到預定的表現（Doll, 1993, 1999）。因此在回歸歷程中，需讓同儕及教師透過考察、評斷，並對自己的行為做出反應，所以「對話」是回歸的必要條件。以開平的主題式課程與教學而言，就會審視學生在籌劃辦理各項活動時，能否扣緊主題目標的發展，並回溯到個人經驗的新發現，體會或做出新的決定與問題解決策略。

3. 關聯性

開平極為重視教學內容的關連性；亦即能連結課程的每一部份，以增進其教學內容的橫向與縱向相關性（Doll, 1993, 1999）。Doll 的課程關聯性除考慮學科自身知識的完整度與概念間的連貫性外，亦考量學科間知識邏輯與應用的關係。以開平的主題式教學活動為例，即在評量學生在籌辦活動過程時，是否能依主題選擇適當的辦理方式，學生間協調分工是否合宜，評估損益問題是否顧及，及能否盤點到延伸效益或附加價值等學習意涵。

4. 嚴密性

Doll 認為課程的嚴密性是四個標準中最重要的一項，它能防止課程設計淪落於相對主義或感情用事的唯我論。換言之，課程設計應抱持嚴謹的態度，而不是嚴謹的要求；不是規範課程設計的內容或嚴苛的一致性，而是要有嚴謹的且有秩序的組織課程架構，以免流入散漫無章的學習歷程（Doll, 1993, 1999）。以開平的主題式課程規劃為例，學群教師即會評估活動流程設計是否有嚴謹的學習目標，會場動線是否流暢，師生能否依實際情況需求安排備案與機動調度等事宜，這就為嚴密性課程的要求。

二、以「混班混齡上課」來促進知識與人際關係的流動

（一）編班以整個年級為主體

開平的學生在二年級起即進行中餐與西餐專業分流制度，主要是專業實習課程上的分組，但進行主題式活動課程時，仍是以整個年級班級為學習主體，共同完成任務、經驗學習為主軸。此外，開平打破三年皆在同一班級學習的他校慣例，亦即學生在新舊學期轉換時，都會重新洗牌重新編班，一則讓他們可以接觸到更多的同儕互動，另一方面也讓學群教師熟悉更多學生以進行專業輔導。

此外，開平的通識課程是透過學生自行選課機制而成，打破年級班級的傳統上課模式，改採混班混齡上課。

也就是說，學生將來不論是否進入餐飲業服務，畢業後都需要跟不同的人相處、共事與合作：透過這樣的混班混齡制度，能營造出貼近真實世界的學習情境，學生所經歷到的案例和學習到知能將不容易忘掉，且能實踐於日常生活中。

（二）透過學生編組分工來進行主題式活動的規劃

開平的主題式課程活動辦理，會規劃由整個年級學生一起規劃籌辦與設計活動內容；學生可選擇想要加入的工作組，不管彼此是否熟悉，為了要完成任務就必須參與同組同儕的討論，以完成執行方法、規劃流程與分工合作議題的確認。藉此，學生學習到解決問題、協商資源分配、面對衝突和因應臨場變化的能力。在開平，學生透過主題式工作分組的協作模式，部分學生在實踐過程中找到自信，甚至在嘗試和摸索歷程中，原本不會的能力透過同儕相互支持也學會了。

總之，開平希望透過主題式教學來培養學生關係互動的能力，期許他們藉由對話來處理及與人建立關係進而合作。而主題式的工作分組模式即讓學生跨出原先既有的團體活動，嘗試與不同班級的同學合作交流，從而學習到互助與互補的工作態度。

三、以「主題式活動」培養學生社會軟實力

（一）採工作分組模式來提升學生與他人合作的經驗與包容性

　　開平所有的活動皆由師生共同策劃籌辦；換言之，活動自擬定主題、共同討論發展到提案開始，接續進行企劃案簡報與案件比賽，最後由全體師生票選產生最適當的辦理企劃結果。取得活動承辦權的小組即開始執行企劃案與人力統籌調度事宜，所有學生依據活動性質和任務編制，形成若干個主題式工作分組團隊。學生則依其興趣選擇加入喜好的工作小組，並學習構思流程、安排活動動線與人力協調，且不斷練習與其他小組團體互動，共同完成活動目標，這樣分工合作的工作小組，就是開平的主題式工作組。

　　換言之，主題式工作組就是推動與執行活動企劃的小團隊，學生依照活動屬性及任務編制而有不同的分組安排。一般而言，主題式活動會有企劃組、宣傳組、接待組、場佈組、衛生安全組等，學生依個人興趣來選擇自己想要加入的工作小組。在執行活動的任務過程中，學生需了解自己是團體的一員，唯有不斷磨合、凝聚共識和互助互補下，活動才能圓滿完成。因此，所有的學習就在活動延伸出來的主題式課程和工作分組執行中悄悄發生，再透過團體理學生的腦力激盪與見賢思齊，並從中培養其工具能力、關係處理能力和專業發展能力。

（二）主題式活動的案件比賽與簡報歷程促進學生的創意發想

　　開平所有的活動係由師生共同策劃籌辦，故活動內容的設計與執行規劃就融入在主題式課程與教學中；亦即師生共同經歷活動從發想、規劃、定案、執行到檢討的過程。開平主題式活動課程與教學的「主題」是需要經過師生一同發想、企劃、提案、討論後才能定案的，其中討論過程最具代表性的就是「比案」。如同廣告公司透過「比稿」以爭取業主的認同一般，開平亦透過「比案競標」和「公開票選」方式，讓全校師生來評選出該主題活動辦理的最佳企劃案。因此，學生除要能寫出企劃案，也要能向全校師生做簡報，以爭取活動的籌辦權。藉由「比案」方式能營造出競爭的真實世界氛圍，也讓學生在準備競賽的過程中激盪更多創意想法，提升其全方位訓練聽、說、讀、寫的能力。

　　由此可知，開平的主題式課程「比案」結果是由師生「公投」決定。公投票選亦讓學生了解到自己是參與者而非旁觀者，要執行並尊重團體決選出來的企劃案，如有意見就要適時地提出見解與他人協商，這亦是學習成為現代公民應有的素養與態度。

（三）藉由主題式活動來培養學生進行食材田野調查的能力

　　開平以培養學生成為餐飲專業人才，故要從事餐飲業就需從認識食材開始做起。帶領學生了解食材的生長週

期、原產地和特性，才能結合烹調技術將食物的營養與美味發揮出來。食材田野調查是一年級的主題式活動課程，學生分成若干個調查小組，抽籤決定要研究的食材，小組團隊要從各面向對該食材進行調查研究、分析、專家訪談以彙整成簡報，在期中檢核時展現其學習成果。學生因為親自去採集、研究，即跳脫書本知識的框架，真正親近土地、認識食物，而這些資料也豐富開平的食材資料庫、田野調查庫，成為學校豐沛的教學資源。

　　學生利用田野調查的機會，走進產地、認識食材內容和風土人情。學群教師讓學生訪問店家，進行市場調查，進一步了解要開一家店前所需進行的前置作業。田野調查亦讓學生學習蒐集第一手資訊，並練習分類和消化相關資料，同時探詢數字背後的原因與需求，及團隊分工合作。畢竟學生來學餐飲不僅是學會做菜、學技術，更重要的是能透過餐飲去貼近人、解讀人與服務人。田野調查即是社會科學中，一種蒐集實際資料的方法；其進行模式是實際居留於研究場域，藉由參與其生活、觀察研究或測量採集所得之。開平的主題式教學即運用跨（超）學科方式進行，學習範圍涵蓋地理、歷史、語文、社會學、人類學與考古學等；其目的在避免個人及文化的主觀認定，以尋求事實的真象，並統整各學科相關知識，故亦稱為實地調查或現場調查。

（四）透過擔任主廚盃活動之籌備與執行工作來提升學生規劃能力

開平運用主題式活動來引領學生探究社會文化、語言表達等跨（超）學科統整能力，鼓勵師生發揮創意，是主題式課程的另一特色。學校結合辦學宗旨和主廚盃廚藝活動，其目的在使開平學生從中學習規劃競賽的概念與方法，進而從陪伴選手及其親友的歷程，讓參賽者開心比賽，又能習得餐飲技能。該項活動是由開平二年級學生組成的專案小組，與學校教職員共同參加專案籌備與執行。例如「春暖花開炒飯香，糕手雲集 in 臺灣」即是學生發想討論而訂出的競賽主題；學生在教師的帶領與指派任務下，學習如何規劃競賽、訂出作業流程、場地佈置、接待來賓等步驟，致使教學內容已融入在活動辦理歷程中。

更重要的是，透過主廚盃的辦理，使學生和家長體會餐飲文化向下扎根的重要性，及透過親子互動合作平臺來增進家庭親子關係，亦即提倡性別平等（權），人人皆可進廚房。最後，學生結合各科所學始能在競賽過程中將專業展現出來。

（五）利用分享力量的主題式課程來實踐社會服務

開平為三年級學生安排專案分享力量的主題式課程。學生組成專案小組，到國內外展開「分享力量」的社會實踐專案行動。學生可選擇服務學習相關的專案課程進行學

分修習，自己選擇想要服務的對象或團體，擬定活動主題與內容，團隊合作執行方式。活動主題可以是餐飲教學，亦可是糕點製作與義賣；從前製規劃到實際運作與完成，皆是由學生一手包辦。讓學生藉由服務學習的機會，來綜整活用三年所學的知識與技能，以達到學以致用和教學相長的目的。同時透過活動交流與分享，學生學會感恩、關懷與回饋，畢竟身為社會的一份子，應懂得付出與助人，這是開平學生重要的體驗與成長，也是「分享力量」課程的精神所在。

（六）家長參與關係工作坊以促進親子關係處理能力

開平每學期皆會安排家長讀書會、親子補給站等親職成長課程，讓其家長能到學校充電與學習。然而愈來愈多的家庭有親子相處或關係互動問題的需求，開平即與《天下雜誌》合辦教育論壇，開始將校內家長讀書會延伸到社區中，服務對象也從開平家長擴及到一般社會大眾，自2008 年起即在臺北市立圖書館總館開設社區型家長課程，原名「親子工作坊」，後來因課程主題不僅觸及家庭問題，也處理工作、生活、人生裡各式關係中遭遇的困境，隨後更名為「關係工作坊」。該工作坊會依照個人的提問，解決個人的困境，再透過其他學員擔任局外見證人的角色，分享如何面對類似經驗，及如何走出困境，讓陷入困境的當事人，看到不同跳脫困境的方法並得到支持鼓勵，

使當事人更有力量的去建構和創造讓彼此滿意的關係。

第三節　社會化教學操作

一、以「開啟對話空間」促進師生對話分享

　　開啟對話空間的定義是透過好奇、不評斷、不給建議的態度與策略，讓對方能夠說出更多自己的感受、想法與經驗。開啟對話空間有一前提，即團體內的人，應有尊重與平等的精神，接受所有的存在。開啟對話空間其目的在使對方願意多說一點，過程中不要太快的給對方建議，除非對方需求，不然容易成為說教，讓對方無法自在的述說。聆聽者從對方所說的內容中，找出好奇之處，並請對方舉例或描述具體細節，此為在社會中需要學習的能力。

（一）開啟對話空間的內涵

　　如何與人開啟對話空間，首先須與對方建立和善與信任的關係，並且要全然專注、帶著關心去傾聽別人的聲音。在對話過程中不評斷、不打岔、不給建議，透過好奇的詢問，邀請對方對事件加以描述，包括事情具體的人、事、時、地、物等。最後徵詢對方的意願，分享自己傾聽後的感受與想法。由對方決定接受有幫助的內容，使對方無形中轉變念頭；即使不改變，也讓對話的能量和善意在彼此

間流動。這樣的方式亦運用於開平師生關係間，無形中增進師生間的了解與信任感。

實踐公民教育的過程是緩慢且無形，但又無所不在的。開平的實踐方法即是提供一個平臺，一個共同練習「聽話」、「說話」與「問話」的場域，讓學生勇敢的面對衝突，透過特殊規範的平臺空間，讓所有人安全的發問、分享自己，開啟信任與友善的對話空間。

（二）開啟對話空間的層次

如圖 6.3 所示，開啟對話空間的層次分為「聽、說、問」三層次。在「聽」的部分，強調「聽到、聽懂、聽出弦外之音」；因此，學校實踐公民教育的第一個作法就是鼓勵學生閱讀收集資訊，分享自己，更要傾聽他人，從「聽到」到「聽懂」，進而還能「聽到弦外之音」，它是一種耳聽、心聽、氣聽的培養。其二為「說」的部分，重點在訓練學生敢說、會說、說得有效的能力，當學生可以自在的發出聲音，一步步地從「敢說」到「會說」，進而「說得有效」時，就具備思辯精神與能力。最後在「問」的部分，鼓勵學生培養敢問、會問、問得有效，當他們從「不怕問」到「能釐清問題」，進而到「問到別人願意回答」的時候，就能釐清人我界線，劃清責任範圍，而這就是「敢問」、「會問」和「問得有效」的學習過程。

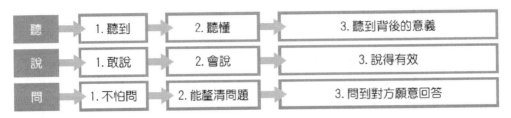

圖 6.3　開啟對話空間的三個層次

二、以「合作式對話」找出問題並解決問題

（一）「合作式對話」的目的

　　根據周和君、董曉玲和馮欣儀譯（2010）、Anderson（1997）、Anderson & Gehart（2007），不帶著自己的預設立場或學術理論套用在對方的困境上，也不用專家姿態指導對方作為，專心聆聽訴說者的故事，用關心和好奇詢問讓對話發生。透過對話，訴說者或許會找到答案；亦即藉由與訴說者建立關係的模式，利用對話產生解決自己問題的力量和方法，即為「合作式對話」。

　　合作式對話運用於開平校園裡共同關注的議題，如環境髒亂、學生衝突事件等，皆可透過公開討論來表述個人立場，共同面對問題。這對當事人或是團體中其他成員來說，都是有意義的學習。目前開平的親子補給站或相關親職成長課程亦採合作式對話模式，讓家長透過充分的對話和理解來處理親子教養的問題，共同創造出問題解決的方法。

（二）「合作式對話」的特色

透過合作式對話，開平建立引導學生或教師開啟對話的空間與平臺，鼓勵其帶著沒有預設立場的心情去接受各種回應或反應的聲音。也就是說，在不加任何個人的觀點與詮釋，並允許不確定性的發生，自然地與發話者建立合作關係，讓對話得以持續長久，協助其探索問題、釐清問題到解決問題。

對話過程中，聆聽者（或局外見證人）可以回饋自己的想法與觸發，讓同樣的主題能聽到不同的意見與聲音。換言之，能量藉由團體的對話往返運行著，發話者能從中產生新的發現與覺察，進而找到往前邁進的可能性或方法。同樣的，透過如此的對話方式，可以讓所有參與者體會到知識是從對話中產生；亦即帶著不知道去提問，更能深入的理解、貼近對方的心思意念。畢竟每個人都是解決自己問題的專家，能夠真實的表述自己，亦能接納並尊重別人的想法與不同的觀點。開平相信，學生的人生可能因為師長或同儕的一句話，或是在想法交互作用的過程中，產生意想不到的影響或改變，而他們的生命發展也因此不同（Anderson, 2014）。

（三）「合作式對話」的操作流程

課堂團體討論時或各項會議中，開平教師會允許想發表想法或提問的學生到臺上，臺上的發言人輪流發表意見，教師或會議主持人會協助引導發言，但不下指令或做

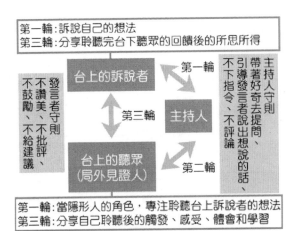

圖 6.4　合作式對話之概念圖

任何評論。臺下的學生則扮演「隱形人」的角色，不論聽到臺上說什麼，都不能發出任何聲音，而是學習專注聆聽。過程中，全體學生謹守不讚美、不批評、不鼓勵、不建議的原則，待臺上同學對話暫告一段落後，才由臺下的學生進行發言並回應感受。最後，再將發言權轉回至臺上，讓臺上的學生聽完臺下同學的回饋後，發表其回應與感受。當然，臺下的學生聽完臺上的發言後，亦可再補充回覆，或直接進行對話，結束前由教師或會議主持人做經驗整理與分享。

三、以「法治教育」培養學生正確的信念　與價值觀

（一）開平「法治教育」的意涵

開平提供學生自由開放的空間，但卻有清楚的界限；

換言之，學生的自由是建立在有限的基礎上，而法治即是釐清的界限，讓越界的學生能反思，並做出正確的選擇。開平的法治教育最大的特色就是陪審團制度，它是由多人共同討論來決定學生的處置方案，是一個實踐人文精神的法治教育。這個法治系統是維護團體生活的重要機制，也是處理學生觸犯界線、價值澄清並幫助學生學會為自己行為負責任的制度設計。

（二）開平法治教育的核心理念

法治教育在開平是為協助學生清楚自由與界限之不同，以營造一個人文理念的校園環境。透過法治教育引導學生澄清價值，為選擇與承諾負起自己的責任，認知並經驗到行為的後果與責任的承擔。藉由法治流程引導學生重新檢視在學校學習的意義與價值，進而產生行為改變，以培養社會化的能力。開平的法治教育強調教育歷程，並非懲罰，而是讓同學面對問題、反思檢討、價值釐清，並為自己的行為負責，方能在畢業後於社會立足與大眾和諧相處。

（三）法治教育的實施方式

學校會檢視學生觸碰界線的行為脈絡，因此法治教育實施前，家長與學生需簽署並繳交「入學意向書」，及每學期註冊時簽署「學生生活公約承諾約定書」，其用意在提醒學生認真為自己的行為負責。學期中，學生一旦違反承諾、觸犯界限，經提報立案後學校即召開法治會議，依學生背

景、動機、觸犯情節輕重、悔意與改過向善行動等情況，由教師代表和行政代表組成的法治委員會一同做出評議，評議結果可能是留校察看或是有條件留校，條件包括觀監護等約定，以提供學生改善向上的機會，但亦有可能是學生不適合較開放的自由學風學校，故決定該生無法成為開平服務的對象，建議宜改變學習環境。

學生若對法治庭評議結果有所不服，可向法治組提出申訴，召開學生（申訴）法庭。學生法庭設有主席、書記官、檢察官、陪審團；陪審團組成人員共有三類：學生代表、教師代表及家長代表各數名。教師代表人數不得多於學生代表，亦即學生代表加上家長代表人數須大於教師代表。檢察官即為提報單位，透過檢察官的質疑，及學生的辯護、價值釐清，提供陪審團有利的佐證資料等，再由陪審團採多數決議方式投票決定，看是否接受當事學生所提之新事證，來改變評議結果。過程中如對法治程序有任何疑問，學生、教師或家長皆可洽詢法治組，請其提出釋疑。

此外，開平學生在觸犯團體生活約定的界線後，經教師舉發，犯規學生須填寫自述表，送交教官以聯繫學生家長來校面談，法治組教師及關懷教師可一同參與，在確認事實後，即提報法治組召開法治會議，以審酌學生的個案情形，評議學生是否需輔導改變學習環境或有其他替代的改過方案。法治會議決議公告後，學生有兩週的時間在家自主學習及反思自己的行為，並思考是否想爭取回校就讀。

如圖 6.5 指出，學生反思期間雖已被改變學習環境，但其若需要資源或談話以釐清想法與價值觀，可依訪客程

序辦理會客，到校尋求教師的協助。此外，被評議為「改變學習環境」的學生，如果選擇申訴，學校會依其意願召開申訴法庭。申訴法庭亦設有主席、檢察官、書記官及陪審團，並在傾聽當事學生的敘述及其省思情形後，以民主方式投票決定是否維持原議處（如圖 6.6）。若判決結果為改判留校察看，則學生需在一週內找到願意擔任該生之監護教師，以進入監護程序。但是，如果申訴結果還是維持改變環境的原判，則學生應辦理離校或於一週內提出第二次申訴，或尋求觀護。若第二次申訴仍未獲通過，則可尋求家長會觀護輔導，如未獲家長會同意觀護，學生即應辦理離校或申請辦理全校公投，由全校師生投票決定是否改變判決結果。公投是最後的裁決，此模式較貼近社會實際運作方式，以提升開平學生社會化之訓練。

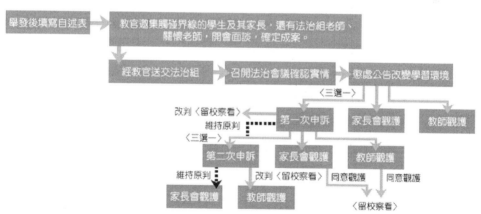

圖 6.5　法治教育實施流程圖

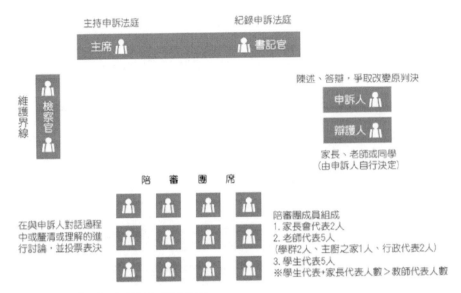

圖 6.6　學生申訴法庭圖示

四、以「局外見證人」和「金魚缸會議」模式來促進團隊溝通成效

（一）開平的「局外見證人」

　　局外見證人的理論源自米蘭學派（Milan school），普遍運用於敘事治療。內圈是指相關人，而外圈則是見證人，議題說完後，內圈人會走至外圈，內外圈進行交流，隨後，外圈人坐回外圈，內圈人再進行討論（台北市私立開平高級中學，2013）。PTS 教學法所使用的「合作式對話」即是由局外見證人發展而來的；它廣泛應用「局外見證人」的團體方式來進行「合作式對話」，同樣地也經常

運用其於學群會議、家長研習工作坊和學群課堂討論中。

開平的「局外見證人」是讓每個聆聽者都是見證人，過程中他（她）們需專注聆聽臺上分享者的故事，透過傾聽的歷程帶給局外人一些想法和觀點，並藉由個案跟自己內在做比對、連結，進而產生反思與對話，這個過程就是「局外見證人」。換句話說，「局外見證人」是在練「聽功」，即是從與他人連結的過程裡，重新回到自己，再回饋到團體的練習。當然，「局外見證人」透過講述自己在聆聽個案的故事後所激盪出的想法，它不能是批判或建議，而是從個案談話中所觸動的生命經驗與感受。透過開平「局外見證人」模式，學生、教師及家長多能覺察到自己的故事被聆聽，甚至能觸動另一個人的生命，進而體認到自我的存在與價值，因此受益很多，也因此協助改變許多親子相處的家庭問題，或同儕間互動的人際關係處理問題。

（二）開平的「金魚缸會議」模式

開平的會議形式很多，其中於學群會議中常採用金魚缸會議模式進行之。由於學群教師身負多重任務，亦十分重視團隊合作與意見表達，故在眾多會議與議題及時間壓力下，為有效凝聚共識並形成決議，且兼顧議事效率及提高擴大參與程度，因而從「局外見證人」發展出金魚缸會議形式。如圖 6.7 所示，學群會議的座位安排為內外兩圈，對議題預備發言、有想法與意見的教師坐在內圈，尚未有具體想法的人則坐在外圈，主要在聆聽內圈教師的討論，

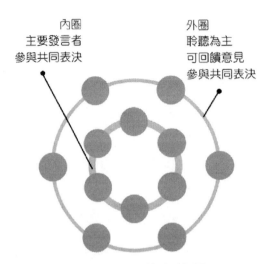

圖 6.7　金魚缸會議座位圖

　　若同意其想法，可發聲表示「我贊成某某老師的意見」以做為回饋，但進行決策時則由內外圈教師共同表決。

　　透過「金魚缸會議」的議事方式，能讓與會教師對事情發展的狀態呈現透明化，減少等待和觀望，以提升會議效率。坐在外圈的教師同時也是觀察者角色，如果仔細聆聽，亦能看見團體討論的全貌，進而誘發其想出新的想法進而產生對話與學習，同時為會議帶來多元觀點（台北市私立開平高級中學，2013）。更重要的是，資深教師亦能起帶動作用，引領新進教師循序漸進地熟悉學校文化、議事規則並進入教學狀況。

五、以「聯合面試」增進學生社會參與能力

　　在開平的三明治教育中，學生於二年級下學期到三年期上學期間，學校會為其安排校外實習，它是屬於業界體驗課程。學生於出發至校外實習前，學校會邀請所有產學合作企業機構或建教合作單位到校進行選才工作，學生則帶著自己的履經歷、自傳表等，與各單位進行雙向選擇。

　　透過聯合面試，開平學生將決定未來一年校外實習的地點，其重要性如同求職就業一般，故學生需做好萬全準備，包括校內成績需達校外實習標準，企業機構釋出的職缺需與個人興趣相符；擁有足夠的條件與能力去爭取想去實習的單位；面談時要展現自己的特長和企圖心等。學校亦會安排相關主題課程和模擬面試，教導學生如何寫自傳和履經歷表、口頭自我介紹、服裝儀容要求，及面試時須注意之應對進退技巧等。

　　開平實習的分發原則是由學生依其自主意願選填志願，並於規定時間自行至建教合作機構或企業單位擺位面試。面試當日各合作機構代表均集中於校內，每位學生可面試至多兩個單位。經建教合作機構面試通過之學生，即由合作機構和開平的實習組確認錄取名單後公告之，始完成分發程序。沒有獲得面試資格的學生，學校會於事前先和家長聯繫，釐清學生無法參與面試的原因，然當學生願意改善且完成規定資格後，即可獲得與建教合作機構進行面試的機會。其他符合參與建教實習的學生如未獲合作機

構的錄取，可再參與第二次面試，但若放棄再次面試者則
需選擇留校課程。

六、透過「交換學生」制度來增廣學生國際見聞

　　為促進海外交流，增廣學生國際見識，開平與扶輪社
合作，以交換學生方式引進外部資源，使其有機會出國學
習增廣見聞。近年來開平接待來自日本、美國、德國、韓
國、加拿大、中南美州等國家對餐飲學習有興趣的青少年。
透過交流，亦讓開平學生與其進行語言或文化的學習互
動。另一方面，開平每年亦支持 2-3 名學生出國進行廚藝
學習與專業交流，學生需於返國後，做好學習歷程紀錄並
進行成果回報，以做為日後開平發展國際交流課程與教學
的改善依據。

第七章　PTS 教學法輔助策略

　　PTS 教學法透過多項輔助策略，如「師生互動交流平臺」、「親師生共學經驗整理機制」、「開放式對話空間」和「世界咖啡館意見交流」等機制，使其在操作推動過程中能更加周延且趨於完備，尤其是「互動交流平臺」讓開平親師生擁有對話管道，充分展現其自主精神。學生藉由該教學法相關輔助機制的配套，除習得專業知能外，亦在人際關係處理和社會軟能力上有所成長，以因應未來出社會時，面對環境變遷、業界雇主要求下，學生具備適應職場所需的就業競爭力。以下針對 PTS 教學法運作時，學校所提供之輔助策略與機制，用以做為推動教學時的支持工具進行說明。

第一節　多元的師生互動交流平臺

　　開平規劃各式互動平臺，其目的在透過「對話」方式，培養學校成員正向的關係處理能力，在平臺互動時，參與的親師生職工都是平等且自主的；如學生可直接要求與校長對話以表達意見等。學校有多元的互動交流平臺，如「師生平臺」、「教師平臺」和「學群平臺」等；各平臺都有自己特定的對話時間，但任何一個團體或班級，亦可與同儕或相關人員約好後即開置一場平臺，大家把想說的意見或擬溝通的議題盡量表達出來，以取得觀點交流的機會。

　　開平互動平臺的對話規則是，在信任的情境下，任何人皆可放心地說自己想說的話，提出質疑的問題，並表達

個人對事件觀感不同的想法。而聆聽者能回應問題就回應，但也有權不做回覆。在開平的平臺對話時，每個人都有言論免責權，任何人不得事後算帳。如同圖 7.1 所示，這個互動平臺不是用來解決親師生關係處理問題或議題解決的，而是用來處理個人情緒，藉以產生心理支持。這項設計有效地克服傳統校園文化中，意見表達後的恐懼感。畢竟「互信機制」是學校成功改善校園氛圍的關鍵因素；當親師生關係裡有互信基礎後，彼此才能協作相處。當然，平臺亦提供每個人「角色切換」的機會，亦即在平臺上人人平等且需自主管理。

在開平，把衝突帶到平臺來對話是被鼓勵且安全的，因為唯有敢於面對衝突，才能學習跨越差異進而團隊合作，成為充滿活力的學習型組織。當自己成為自己生命的主人時，也要尊重他人也是自己生命的主人，故為培養學生「敢說話」、「會說話」，進而「說得有效」的溝通能力，開平設有固定的「平臺對話」時間，學生對校園事務有任何意見，都可以在平臺對話時表達出來。換言之，開平互動平臺的對話設計能引發學生對校園議題的關心，及對溝通方式的討論。透過同儕的分享與聆聽，學生學會情緒的表達與管理，並將過往非理性的不滿與謾罵，改採理性的態度和友善的溝通方式表達出來，致使直接或間接的學會進行反思回饋與解決問題的能力。

開平的「平臺對話」機制就是一個親師生「相遇」（encounting）的平臺；在教師的引領下，將檯面下的衝突轉換為促進認識彼此差異及再向前進的動力。它具有公

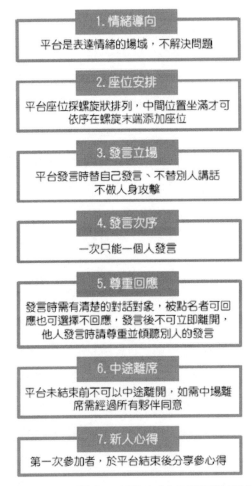

1. 情緒導向

平台是表達情緒的場域，不解決問題

2. 座位安排

平台座位採螺旋狀排列，中間位置坐滿才可
依序在螺旋末端添加座位

3. 發言立場

平台發言時替自己發言、不替別人講話
不做人身攻擊

4. 發言次序

一次只能一個人發言

5. 尊重回應

發言時需有清楚的對話對象，被點名者可回
應也可選擇不回應，發言後不可立即離開，
他人發言時請尊重並傾聽別人的發言

6. 中途離席

平台未結束前不可以中途離開，如需中場離
席需經過所有夥伴同意

7. 新人心得

第一次參加者，於平台結束後分享參心得

圖 7.1　開平互動交流平臺對話架構模式

共論壇及共同協商的功能（台北市私立開平高級中學，
2013），這即是 PTS 教學法中學習關係處理的價值體現。
此外，這個機制有別於傳統由上而下的行政決策會議或工
作會議等模式，它賦予平臺上每個人都有同等的發言權，
故實施後，對開平處在課程與教學創新及學校邁向翻轉改

革之際，所造成之時間壓力的緊湊感或緊密的行動方案中所發生人際磨擦與訊息模糊等問題，皆發揮其澄清與相互支持的作用，也充分反映出成員與團體對開平的信任與理解。

　　開平的「教師平臺」係由教職員全體參加，全程錄影並做文字記錄。而「師生平臺」則為全體學生和教職員共同參與，教師的角色是從旁陪伴、聆聽與引導學生清楚地表達自己的想法，並專注場內發言或不發言情況，且維持現場秩序。平臺對話是採螺旋式座位安排，它是源自英國「塔菲史塔克大團體動力實驗課程（台北市私立開平高級中學，2013）中的一種操作方式。根據塔菲史塔克研究顯示，當一個團體的人數超過30人，又不容易看到彼此時，團體中的成員容易表現出自己在大群體中的行為模式；例如一個平時私下對學校措施抱怨連連的老師，卻總是在例行的校務會議中保持沉默，可能是他認為多說無用，亦或是害怕說真話後秋後算帳，也可能是他（她）從不認為自己有打破團體沉默的責任。故當多數成員表現出這種行為模式時，整個團體就更沒有動力，開會的結果往往讓這群有意見、有想法的人，擁有更多私下抱怨的題材，但卻對整體團隊向上的動能沒有任何幫助與改進。

　　此外，開平的平臺式對話採螺旋式座位安排，其目的在使與會者能看到所有的參與者，以刻意強化大團體的張力，讓全校教職員生學習覺察個人的習慣模式將造成團體共有結果。換言之，螺旋型的團體座椅安排讓參與成員感受到團體是大家共同組成的，任何人的感受都可能會影響

團體中其他成員。若參與成員不能在團體中表達意見，就會在私下場合裡論述，然而，相關對象並不在現場，無法當下澄清說明，反而會影響聽到者的情緒或判斷，造成當事人兩難，反之，若在團體中表述意見，則可當眾釐清並說明始末原委。

溝通交流平臺的學習課題是「人的群體性」，也就是認識自己、理解他人，也了解團體。坐在對話的平臺裡，看似靜坐不動，其實每個人都在感受團體的氣氛，內心不斷的自我對話，學習如何與自己相處，並決定自己所要呈現的狀態，再觀察團體如何回應自己的決定（台北市私立開平高級中學，2013）。如此循環往復，當一個人能在團體中表裡如一的時候，就是趨進成熟；當團體成員都趨向成熟時，就會演進成一個成熟的團體，即為公民社會的成員。因此，螺旋型的座位安排應可改變過往科層體制的官僚文化與組織氛圍，進而轉型成學習型組織的一個操作模式。

另一方面，開平的互動平臺鼓勵每位成員主動面對團體，也負起自己對團體應負的責任；也就是說，透過反思體會，個人行為回到原始初衷的立場，及其歷程中所產生的理性意識。例如，當個人的意見或想法在團體中提出時，可能會被他人接受，亦可能會被拒絕，即團體成員各有所思所見，當自己無法與他人結盟時，只有獨立面對情況且無法逃避。

自從學校有了溝通平臺模式後，校內主管、教師、學生，甚至家長不用背負解除困境的全部責任，因為那是團

體共同面對的功課。在這種言語常常帶著投射而情緒被挑動的狀況中，學習就自然而然地發生；最後若能懂得享受關係，並在關係中成長，就能達成情境學習的目的（夏惠汶，2013）。

第二節　親師生共學整理經驗機制

開平的教育信念是自己生命中所經歷的只是「發生」，如何「處理」那個發生才是「經驗」。經驗所累積的智慧是可以透過對話來整理和聚焦突顯的；亦即在回溯過去事件的始末與發生的處理方式，傾聽學生的故事情節，協助其找到對自己有意義的部分，讓他們整合進入自己的生命中，這便是「經驗整理」。因為經驗如果沒有經過消化與整理，很容易就在時間的拉長下形成大塊記憶，最後可能只留下片段、模糊的總結或感受，而遺忘並錯過關鍵性的轉折或重要的細節。因此，開平教師常引導學生整理自己的學習經驗，以提升其反思能力。因為反思能幫助學生找到其他方法，甚至創造新的可能性；故當學生願意回應「若重來一次，你（我）會怎麼辦？」時，就意味著在其經驗中已開展新的路線，更新自己的心智地圖。

對開平的教師和學生而言，生活中的每個發生都是學習機會，經驗的整理可以讓成功的歷程延續下來，若有不滿意或不舒服的地方亦可透過整理而被釐清，甚至選擇接受它或是超越它。畢竟經過消化、比對、整理過的經驗會

留在學生的記憶裡，而成為帶得走的能力，這就是開平想讓學生學習的一環。正如圖 7.2 所示，開平教師在每次主題活動結束後，即進行學生學習經驗的整理，引導其說出在這個活動中印象最深刻的經歷、感受或體會，再透過學校設計的反思表、學習單或共同討論等方式，幫助學生回歸自己，審視自己的學習歷程，並比對自己的所思所感和行為間的連結，以利探究原由歸納統整。教師要做的是，對學生進行反思提問，透過對話進入學生學習經驗的脈絡，協助其更理解自己。透過這種模式，學生即會明白每次事件的發生對其皆有意義，若能從中有新的發現與體悟，他們就有學習的產生。

另一方面，開平亦透過課程與活動設計來提升「親師生共學」氛圍；亦即學生、家長和教師形成學習型組織，並發展成學校夥伴關係的文化。教師需定期參加校內辦理之專業發展研習以尋求成長，家長與教師是夥伴關係，把學生教好、帶起來是共同的責任。換言之，學校結合家長一起完成教育工作，學生、教師和家長在這個學習型組織裡皆是「學習者」角色，親師生共同學習相互成長。

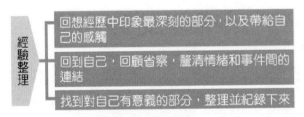

圖 7.2　經驗整理概念圖

一、家長透過經驗整理一起學習成長

　　開平邀請家長成為學校的合夥人，共同建構學生的前景與未來，以達到「親師攜手一起帶好孩子」的教育理念。因此，所有新生家長於開學前之暑假期間皆需到校接受「親子補給站」家長研習課程；內容涵蓋親子關係成長、學校辦學理念說明外，更安排家長參與學校主題式學習體驗，以利其了解如何與孩子互動與教師溝通。

　　家長的研習課程會從親子關係的回顧開始，引領家長回顧與孩子的互動變化，如家長的關懷沒有改變，但孩子卻日漸疏離。故透過研習活動的參與，家長間彼此分享其教養經驗，並學習重新檢視個人的親子關係，進而體會且把握在這個階段與學生重新建立良好的親子互動關係。除親子關係建立的課程外，開平亦針對學校辦學理念、學習自主等校園氛圍進行介紹，期待家長給予學生支持與陪伴。於學生二年級和三年級時，家長亦需再參加「親子補給站複訓」課程。除「親子補給站」外，開平的「關係工作坊」更是協助家長長出關係處理能力的重要關鍵活動。透過引導家長藉由關心、傾聽與對話等作為來支持孩子學習成長，當家庭關係穩定，親子對話通暢時，學生在學校裡則較願意接受教師的引領，與同儕共學，而家長亦願意配合學校規範，共同達到親師生攜手合作的目的。

　　再者，開平會邀請家長參與一般學校會議外，亦會定期寄送《親師手牽手》雙週刊予家長。藉由閱讀雙周刊，使其了解學生在校活動狀況與辦學成果。此外，家長可向

開平家長會辦公室登記加入「家長志工」服務工作；志工活動包含觀護、活動辦理等，尤其是「易子而教」服務，部分家長擔任學生的觀護家長，每年成功協助十餘名學生回到人生正途。此外，家長可參與校內課程研發會議，對學校課程規劃與設計理由有更深入的理解，對無法到校的家長們，家長志工即可解答其他家長的擔心與疑問，成為學校與家長連結間最佳的溝通橋樑。由於辦理成效良好，已有部分他校家長申請加入開平辦理之促進親子對話共同成長相關講座與課程，故該校成立「家長學堂」，並開放予校外家長和社會人士參加共學。

二、教師透過經驗整理的學習成長

開平教師在教學情境中被期待的角色，不是「表演者」，也不是「傳授者」或「指導者」，而是與學生一同教學相長的「學習者」。因此，學校會有系統地規劃教師的在職進修與研習，包括新進教師須接受為期三個月的教育訓練，每學年寒暑假期間所有教師應參加研習工作坊，共同備課討論學群等各類課程規劃，每學期還有行動研究專題課程、每週的親子工作坊課程、及「老莊在生活中實踐」等增能課程。此外，全體教師每日於上午與下午各召開一次學群會議，一同討論課程實施細節和學生個案問題。開平希冀教師不僅有專業能力，也要成為熱衷於教學創新的教學達人。如何引領教師去面對真實的人際關係，並進一步享受同儕、親師生關係，即為開平教師需學習的方向。

三、學生透過經驗整理的學習成長

學生在知識與技術的學習過程中，有時「精神」是可傳不可授的，如同做菜時「火侯」是無法教的，只能用心體會。學習靠教師單方教導是沒有用的，唯有學生願意主動學習，進而成為學習的主人，學習成效才會真正產生。因此，學校教師和家長要學習如何正確地陪伴學生；開平即認為教育是讓學生成為「可愛的達人」；達人是指專業頂尖、熱衷於自己所學的人，而「可愛的達人」不但專業頂尖，還要有人緣、讓人想要親近。畢竟人離不開群體，只有專業精通還不夠，尚須有親和力，始能與他人對話，喜歡與人合作，這樣才具有處理關係的能力及精進向上的條件。

雖然如此，學生具備專業力和親和力僅是開平教育的第一階段，第二階段是要培養其領導力與感染力。透過課程與活動的設計，教導學生養成領導者應有的責任感與視野，並逐漸培養其正向思維，以利未來出社會在團體中，除發揮自己的專業實力外，亦能在人群關係中擁有良好的正面互動能量，成為團體彼此間進步的原動力。

第三節　開放式對話開啟問題解決之路

「開放式對話」是 Jaakko Seikkula 發起，主要運用在心理治療領域。在對話運作時，會集結相關人員進行互動，

並認同複調多元性的聲音（polyphonic voice），亦即如果個案出現說謊情形時，對話者也會給予案主說謊的空間，讓每個人的聲音、擔憂和思想都有機會被積極地關注與聆聽，因此「開放式對話」就是給予聆聽者與被聆聽者安全且尊重的空間，被回應與被聽見為主軸，恢復或創造對話的空間，讓彼此都能跨界共同對話及尊重他者當下的他異性（Jaakko Seikkula & Tom Erik Arnkil, 2016）。換句話說，「開放式對話」是一種真正的對話，不能只有單一的聲音，而是多元且複調的話語。在對話的過程中，不能有壓倒性的專家權威言語，亦不能有被忽略或被抑制的互動，以讓團體中新的語言和新的意義被啟發、被創造，目標在讓對話可以延續下去。

對話性（dialogicity）是一種態度與相處方式，對話者間的關係是平等，彼此皆是獨立個體，故須無條件地認可與接受，並尊重每個人的差異性。在教育環境裡更應如此，尊重學生的主體性，給予學生開放的對話空間，畢竟在擔心害怕的情境裡是無法有效學習，因此，「開放式對話」亦逐漸被學校所採用（台北市私立開平高級中學，2013）。開平將「開放式對話」模式落實於各式親師生互動交流平臺上，亦即在課堂中給予學生安全且尊重的對話空間，在教師會議裡，提供他們自由的對話機會，讓對話網絡聯結起來，以建立合作關係，這才是教育現場中發現問題、解決問題、支持關係處理的重要方法之一。

在運作「開放式對話」時，開平重視並鼓勵親師生能一同加入對話，因為家人是學生生活中最重要的支持者，

這個支持的關係營造是需要時間與正向經驗累積而成的。
因此，學校在處理學生學習或生活問題時，都會希望其家
人亦能出席，並在獲得他們的同意下進行對話，唯有彼此
透明的對話與合作的關係，才能真正處理問題，並提升當
事人的自主能量。

　　正如賽科羅和昂吉爾（Jaakko Seikkula & Tom Erik
Arnkil）（2016）在《開放對話・期待對話》一書中指出，
「開放式對話」能協助家長談及個人憂慮時，引導其創造
對話的關鍵原則如下。

　思考自己擔心的事，並想想在什麼地方真正需要家人的
　　幫忙；
　說出自己在引領孩子面對正向的學習經驗；
　在預想中思索如何在把正面事項和所擔心之事一起表達
　　出來時，不會被誤解成你在抱怨或指責對方；
　預想如果你照所計畫的方式採取行動，會產生什麼結
　　果？家人可能會有什麼反應？
　在心中或在同事面前，先把你要說的話演練一下；試著
　　為自己找到讓人願與你分享意見和想法，並能強化持
　　續合作的說話方式；
　如果自己一直試用的方式，可能無法促進對話或無法導
　　致持續性對話，那麼就得改變你的模式；
　如果能自信地找到一個能尊重他人的對話方式，那麼就
　　在有利的時機和適當的場合把憂慮說出來；
　仔細聆聽對方的說話，面對擔憂是一個互動的過程，因

此不要頑固的堅持己見；

反思所發生的事，情況如自己的預期嗎？從對話中學到什麼？你打算如何持續與對方對話與合作？

自己是在請求他人幫助你減少擔憂，因此，要改善問題，持續對話很重要。

總之，開平極為重視多方對話的延續性，並以合作參與方式給學生、教師及家長安全又尊重的互動環境，充分符應後現代思潮，且運用巨觀與微觀的角度分析社會系統的隱喻，讓對話空間加深加廣。如同賀琳・安德森（2008）指出，「人類系統不是問題，是語言系統出了問題」（頁 127）（Human system is not the problem, but language system is the problem）；因此「開放式對話」能讓學校所有的互動關係人（stakeholder）對話更有系統性，對話空間更具開放性，也讓當事人更加了解自己並願意自我超越。

第四節　開放咖啡館的小組討論與共識建立

一、「開放咖啡館」的意涵

「開放咖啡館」是「世界咖啡館」與「開放空間科技」（Open Space Technology, OST）兩者概念的結合，緣起於解決問題討論的需求，因而設計出「世界咖啡館」的構想。

而「開放空間科技」則是為了讓會議的進行能充分聆聽彼此的想法，從對話中獲得腦力激盪產生力量，並改善會議時間冗長且缺乏效能等問題。而「開放咖啡館」則結合了「世界咖啡館」與「開放空間科技」之優勢，它重視小組討論、開放對話的力量及會議後的延續性，有效引導參與者在開放空間中進行團體討論，過程中不一定有會議議程，只要有主題（theme）問題與時程表，即能落實開放對話的目的。討論期間參與者能自在地走動交換意見，培養主動發表的參與能力，而非被迫表達或被迫聆聽，且積極地探討會議後的行動力與延續性。

　　然而，只是開放空間是不夠的，人之所以會衝突，就是因為沒有足夠的空間讓兩種意見同時存在。因此，開平想做的不是消滅互動的熱情，而是開啟更大的對話空間。一旦開啟空間，自發性的組織與療癒才能運作；正如同Owen（1997）所言，幫助別人創造和平的同時，也會在自己的內心體會到和平。故「開放咖啡館」主要在建立開平共識、組織學習，及面對組織的變遷；學校教職員生透過「開放咖啡館」小組討論的方式，培養主動參與表達、創造思考、解決問題及績效表現的行動力。

二、開放咖啡館的運作方式

　　「開放咖啡館」是有效組織學習的工具之一，以群體討論和多元參與的方式進行，引導者的角色較不重要，重點在如何建立共識，尋求共同解決問題的策略。根據 Owen

（1997），其會議前、會議中與會議後的三層面運作方式說明如下。

（一）開放咖啡館會議前的準備與佈置工作

1. 會議前的心態準備

開平在邀請教職員生參加「開放咖啡館」時，會盡量讓「在乎的人」出席，因為參與者自發性的選擇（voluntary self-selection）對參加開放空間會議是有必要的。因此，在會議前，學校會去了解參與者的動機，如果該些參與者就任務而言不可或缺，那他們必須準備好才去參與討論，否則任務就不會完成。換言之，參與者自發性的選擇與準備是會議成功的要素，且重質不重量（Owen, 1997）。

2. 會議的空間佈置

空間佈置部分，需要能容納所有參與者一起坐著，並圍成一圈或至多二到三圈的同心圓，空間需舒適不宜過於擁擠，而每一百人就要有五個分組區域，如大廳、花園、走廊、教室等，如果團體人數七十五人以上則視狀況準備擴音設備，且為各組準備筆電，以利同步進行會議記錄工作。此外，會議的空間需要騰空一面牆，且不能有門或布簾，這面牆就變成社群公布欄，參與者可以在上面張貼公告，提出有興趣的交流議題，開平亦提供咖啡、茶點與電腦設備，給予彈性的用餐時段，隨時取用點心，以增加團體的流動感與能量（Owen, 1997）。

（二）開放咖啡館會議原則與運作模式

1. 會議運作的四個原則和一項法則

　　「開放咖啡館」要能發揮作用，焦點必須放在讓參與者有熱情、有責任的執行任務，以利真正處理真實的工作課題（a real business issue），故會議需掌握四大原則與一項法則。所謂四大原則，首先，「出席的人是對的人」，一個好的對話不是有多少人能來參加，而是需要有分享熱情的人參加；二、「發生什麼就是當時只能發生的事」，此在提醒學校教師，當超過既有議程或對會議討論有所期待時，真正的學習與進步才會發生。如果每件事的結果都符應原先預期的規劃，生活會極度乏味，且不易產生任何有用的學習與成果；三、「何時開始就是對的時間」，此在提醒所有參與者創造力的精神和欲解決的問題本質，此兩者皆不重視時間問題，它們都選在自己喜歡的時間出現，也就是所謂「對的時間」；和四、「結束的時候就結束了」，這是避免讓人侷限在懊惱處境的妙方，故結束時就是結束，若還沒有結論那就代表事情還沒結束。

　　而一項法則即是「雙腳法則」（The Law of Two Feet），意即在會議進行時，當參與者發現自己在某處沒有學習也沒有貢獻時，必須運用自己的雙腳，走到某個自己更有生產力的地方，亦稱為「移動法則」，此可終結個人驕傲的心態，並提升自己的學習、貢獻與責任（Owen, 1997）。

2. 會議中的運作要點

　　開平的會議常利用社群公佈欄發布訊息，亦即當教師或學生聽到擬討論的題目時，就會進行自動編輯過程，如果參與者看到自己想探討的議題已經有人公布，便不需再提出一次。通常題目的數量與參與者的人數有直接關係，人數愈多題目亦會有顯著增加。

　　讓參與會議的團體聽到提出題目人的姓名是重要的，其用意在提醒承諾並提高提議者的責任心。題目貼出後，每個人應到公佈欄上對想參與討論的議題簽名，並離開座位交換想法。進行小組討論時要注意對話的氣氛，盡量避免衝突。如需要小組合併時，建議兩個小組可以討論同一個題目，以方便讓每個人皆有對話的機會。

　　會議中時間流程可運用「晨間新聞」與「晚間新聞」模式，將全體成員聚集兩次以凝聚共識，新聞時間的主導者可進行一次發言後交棒給其他人，會議期間應將麥克風放在座位圈的中心，等待有人將麥克風拿起，傳到需要的人手中，藉此提升團隊的凝聚力量（Owen, 1997）。

（三）會議結束與新的開始

　　若議程為期三天，則前兩天可將重點專注在發散，讓想法與作法擴展出來，第三天的焦點則在彙整前面資訊並採取行動。會議的多元性是開平教職員生正面的資產，探討的議題愈多，結果愈好，故在會議第三天或結束前，完成閱讀紀錄及排定參與者閱讀的優先順序，再進行彙整議

題重要性順序，以排序議題的重要性順序進行最後綜整，並採取行動方案，且對下一步行動進行建議。

在開平，會議的開始與結束皆圍坐成圓，引導者開始傳遞經過裝飾的木棒，拿到木棒的人要分享自己想說的話，其他人則是傾聽，沒有分享時間的限制，且不可打斷對方的談話。木棒象徵著賦予自由與責任感，每位開平的師生都要習得自主表達與傾聽學習的能力。當然，如果欲發言的人過多，則可採自願方式進行，讓參與者從開放空間中獲得學習，以凝聚團體共識並創造新思維，讓所有人皆能產生熱情，並化為行動，讓共識的力量延續下去。

第五節　教育，是愛與方法的完美結合

在大多數的人的印象裡，開平餐飲學校是一所辦學績效良好、課程規劃特殊的學校，人們總是以「與眾不同」或是「另類」等等與常規相悖的形容詞來形容她，好似這所學校之所以能夠培育出一代代出色、優秀的餐飲人只是因為她的「離經叛道」，這樣「特殊教育理念＝好教育」的氛圍近年來不斷在社會上浮動著，家長們無不對這樣的「不同」趨之若鶩，只要打著另類、適性、愛與自由的名號，就好像能夠真正了解教育，更甚至能夠辦理教育，然而事實真的是如此嗎？教育是可以只靠愛與理想就能教出好的學生嗎？我們在開平 20 年的教學改革經驗裡其實很容易可以找尋到這個問題的答案—教育，其實是愛與方法的完美結合。

　　幼兒教育之父福祿貝爾在《人的教育》一書中曾有「教育之道無他，唯愛與榜樣而已。」這段名句（孫祖復譯，1991），光看這句話也許我們會不小心陷入愛是教育為唯一條件的迷思當中，事實上整本書中雖通篇在探討教育的理念與意義，未制式化規定教學方式，然隱藏在字裡行間所表達的皆是身為教育者在施行教育時所需注意的事項與原則，這代表了教育工作者在實施教育工作時除了其本身的教育理念之外，還需要一種時時警惕自己行為的「方法意識」，而這樣的方法意識需要不斷的在腦內嘗試、修正才能達到盡善盡美的境界。為了能讓原本在教師腦中的教學方式成為能夠流傳的外在語言，我們就需要以謹慎客觀的態度，研擬一套系統性的教學法，以供國內外教育人士研究與學習。

　　而開平近 20 年來，從原本默默無聞的一般高職，因為以學生為本位的教育理念的提倡與堅持，加上所有教職員工孜孜不倦、充滿熱情的參與，經過不斷地分析相關研究、嘗試、修正、實行與檢討，如今歸納了這樣一套系統性且有效的 PTS 教學模式，期透過開平的教學經驗，能幫助有心加入教育行列之有志之士，能少走冤枉路，在 PTS 教學法之中找到教育的另一條道路，並期待未來能有更加嚴謹或創意的實施方式，為 PTS 教學法帶來更多不同的可能。

　　開平透過對教育的熱情、愛與理想，堅持不懈的在教育這條路上跌跌撞撞，從一開始的無所依歸，到如今的纍纍碩果，我們驗證了教育並非只需要理想與愛，而是愛與方法的緊密結合，嚴格來說，愛與方法是相輔相成的，愛成就了教育方法的建構，而方法讓愛具體的施行下去。

參考書目

一、中文文獻

Doll, WE（1999）。**後現代課程觀**（王紅宇譯）。臺北市：桂冠。

TVBS(2013)。**博士生賣雞排郭台銘批浪費教育資源**。TVBS新聞。取自 http://news.tvbs.com.tw/local/200553

W.E. Doll（1993）、王紅宇譯（1999）。**後現代課程觀**。臺北市：桂冠圖書公司。

丁凡（譯）（2012）。**敘事治療的實踐：與麥克持續對話**。台北：張老師文化。

丁邁、侯雋與陳銳（2010）。高校教師職業倦怠影響因素探索。**現代傳播：中國傳媒大學學報**，9，114-117。

于國華（2013）。議題：如何解決大學畢業生「學用落差」，提升臺灣競爭力？**102 年青年政策論壇**。和春技術學院。

天下雜誌（2016）。**洪蘭：不想被科技淘汰請學會這四件事**。取自 http://www.cw.com.tw/article/article.action?id=5078588

方德隆（1999），九年一貫課程基本理念與內涵，論文發表於**國立高雄師範大學實習輔導處及教育系主辦「國民中小學課程教學研討會」**。載於高雄市政府人力資源發展中心出版，公教資訊，3（2），1-18。

毛連塭、陳麗華編譯（1987）。**精熟學習法**。臺北市：心理出版社。

王立昇（2014）。從統計數字看學用落差問題。王立昇（主持人），**學用落差因應策略論壇**。臺大公共政策與法律研究中心。

王全世（2000）。資訊科技融入教學之意義與內涵。**資訊與教育**，80，23-31。

王政忠（2016）。**MAPS 教學法的四個核心元素**。臺北市：

親子天下。

王恭志（2002）。從團體動力談小學教師班級經營策略。**研習資訊，19（5）**，88-96。

台北市私立開平高級中學（2013）。**理念實踐─開平詞彙**。台北：台北市私立開平高級中學。

史美瑤（2012）。21 世紀的教學：以「學生學習為中心」的教師發展。**評鑑雙月刊**，第 36 期。

用一堂公開課，促發更多的公開課~校長為什要辦公開課（2015 年 6 月）。**用一堂公開課，促發更多的公開課~校長為什要辦公開課**【宜蘭縣國教輔導團部落格】。取自 http://blog.ilc.edu.tw/blog/blog/1/trackbacks/584057

任子慧（2010）。日本寬鬆教育下寬鬆世代堪憂。**新紀元周刊，第 174 期**。取自 http://www.epochweekly.com/b5/176/7988.htm

朱則剛（1994）。**建構主義知識論的起源與近代哲學知識論的趨勢**。教育工學的發展與派典演化，173-219。臺北市：師大書院出版社。

任慶儀（2009）。課程統整的設計與應用。**社會科教育研究，14**，151-69。

老碗（1996）。**後現代建築**。臺北市：心理出版社。

行政院青年輔導委員會（2011），**提升青年就業力計畫成效評估暨就業力調查研究**，台北：行政院青年輔導委員會。

行政院經濟建設委員會（2010），「**因應高齡化時代來臨之政策建議**」。

余民寧（2011）。**教育測驗與評量：成就測驗與教學評量（第三版）**。臺北市：心理。

余肇傑（2014）。淺談佐藤學「學習共同體」。**臺灣教育評論月刊，3（5）**，122-125。

作文新鮮試－教學模式簡介（2010）。**資訊科技融入教學**

創新應用典範團隊成果報告。取自 http://teachernet.moe.edu.tw/BENCHMARK/Article/ArticleContent.aspx?mode=3&fid=2&sid=12&tid=110&mid=2523&sub=6712

吳清山（2007）。**後現代思潮與教育改革**。載於黃乃熒主編《後現代思潮與教育發展》（27-53 頁）。臺北市：心理出版社。

吳清山（2011）。啟動教育雲端開創多元學習機會。**研習資訊，28（6）**，1-3。

吳清山、林天佑（2005）。人口少子化。**教育研究月刊，135**，155。

吳靖國（2000）。**教學理論**。臺北市：師大書苑。

吳榴椒、張宇樑（2009）幼稚園教師對主題統整課程的知覺研究。**國立臺南大學教育研究學報**，43(2)，81-105。

呂瓊萱（2005）。由互動論之相關論點評述。**成人網路社會學通訊期刊，第 51 期**。

宋鎮照（2000）。**團體動力學**。臺北市：五南圖書出版。

李雅筑（2016）。主題式教學把教室變身大型實驗室。**遠見雜誌，第 359 期**。取自 https://store.gvm.com.tw/article_content_31199.html

李克難（2008）。由教師課程意識探討學校本位統整課程的實踐行動。**課程研究，4（1）**，65-92。

沈清松（1993）。從現代到後現代。**哲學雜誌，4**，4-25。

亞科·賽科羅，湯姆·艾瑞克·昂吉爾（2016）。**開放對話·期待對話**。臺北市：心靈工坊文化事業。

周和君、董小玲、馮欣儀（譯）（2010）。**合作取向實務：造成改變的關係和對話**（原作者：Harlene Anderson、Diane Gehart）。台北：張老師文化。

林立傑、陳冠廷、李胤禎、曹心荷（2012）。**數位學習創新科技運用趨勢**。人事月刊，327，45-55。

林佩璇（2000）。**行動研究和學校本位課程評鑑**，臺北市：揚智。

林香君（2002）。開平經驗—以「超學科課程統整」為核心的人文教改工程。**全球化：教育變革新領域**。香港教育研究學會國際研討會，香港中文大學。

林逢祺（2004）。**教育規準論**。臺北市：五南出版社。

林遊嵐（2011）。**主題式教學於華語教學運用**。【全球華文網】。取自 www.huayuworld.org/教學資源/數位學院/42

林語堂（2006）。**老子的智慧**。西安市：陝西師大出版社。

邱明星（2006）。認知發展理論在教學應用之探討。**網路社會學通訊第 56 期**，2006 年 6 月 15 日。引自網址：http://www.nhu.edu.tw/~society/e-j/56/56-33.htm

侯崇文（2002）。**符號互動理論與社會化學習**。取自 http://web.ntpu.edu.tw/~sochou/book/symbol.doc

南懷瑾（2006）。**莊子諵譁**，頁 587-589。臺北市：老古文化事業股份有限公司。

哈里森·歐文（2006）。**開放空間科技**。臺北市：開放智慧引導科技。

姚幸君（2002）。**歷史教學的突破與嚐試，合作學習在歷史科的運用**。國立台灣師範大學歷史系在職進修碩士班論文。

夏林清（1994）。**大團體動力**。臺北市：張老師出版社。

夏惠汶（2013）。**後現代的課程教學：以開平餐飲學校為例**。收錄於：後現代課程教學，頁 77-98。臺北市：高教出版社。

夏惠汶（2016）。**關係動力學的建構與發展**。教育行政研究。6（2）。1-16。

孫祖復（譯）（1991）。**人的教育**（原作者：Fröbel）。北京市：人民教育出版社。（原著出版年：1826）

徐南號（1996）。**教學原理**。臺北市：師大書苑出版社。

秦夢群、黃貞裕（2013）。**後現代主義與教育領導**。載於湯志民主編《後現代教育與發展》(1-26 頁)。臺北市：高教出版社。

馬一波與鍾華（2006）。**敘事心理學**。上海市：上海教育出版社。

高翠霞（1998）主題式教學的理念——國小實施課程統整的可行策略。**教育資料與研究，25 期**，頁 9-11。

高廣孚（2004）。**教學原理**。臺北市：五南出版社。

張仁家、黃毓琦、涂雅玲（2007）。高職教師的創新教學行為與背景變項之關係研究。**中等學校教師創造力提升與創新教學**。中教學程及幼教學程第四次返校座談會。臺中市：朝陽科技大學師資培育中心。

張文軍（1998）。**後現代教育**。臺北市：揚智。

張春興（1991）。**現代心理學**。臺北市：臺灣東華。

張春興（2000）。**教育心理學：三化取向的理論與實踐**。臺北市：臺灣東華書局。

張春興（2013）。**教育心理學—三化取向的理論與實踐（重修二版）**。臺北市：東華。

張春興、林清山（1992）。**教育心理學**。台北：東華。

張清濱（1999）。怎樣實施協同教學。**師友，387**，43-47。

張清濱（2013）。多元評量：理念及其應用。**新北市教育，8**，15-19。

張德齡（2016）。教室應該不一樣主題式教學。**未來 Family 雜誌，第 17 期**。取自 https://gfamily.cwgv.com.tw/content/index/3922

張輝誠（2011）。泰山頹兮——悼毓老師。**中國時報**。取自 http://newsblog.chinatimes.com/dustmic/archive/9901

張輝誠（2015）。**學‧思‧達：張輝誠的翻轉實踐**。臺北市：親子天下出版社。

張輝誠（2014）。寫好作文，從心的觸動開始。**親子天下雜誌，第 58 期**。

教育部（2016）。**提升青年學生全球移動力計畫**。臺北市：提升青年學生全球移動力計畫。

教育部統計處（2016）。**臺閩地區出生人口數**。取自 http://stats.moe.gov.tw/files/important/OVERVIEW_Y01.pdf

教育部維基百科（2014）。**螺旋式課程**。取自 http://pedia.cloud.edu.tw/Entry/Detail/?title=%E8%9E%BA%E6%97%8B%E5%BC%8F%E8%AA%B2%E7%A8%8B

莊明貞（2002）。後現代思潮的課程研究及其本土實踐之評析。**教育研究月刊，102**，27-39。

莫藜藜（譯）（2008）。**團體工作實物二版**（原著者：Ronald W. Toseland & Robert F. Rivas）。臺北市：雙葉書廊。

許婧（譯）（2011）。**社會構建的邀請**（原作者：Gergen, K. J.）。北京：北京大學出版社。（原著出版年：2009）

郭重吉、江武雄、王夕堯（2000）。**從理論到實務談建構主義**。取自 http://pei.cjjh.tc.edu.tw

陳志恆（2015 年 12 月 12 日）。**如何幫助孩子提升學習動機？**。上網日期：2016 年 10 月 20 日。網址：http://blog.udn.com/heng711/38534264

陳明鎮（2001）。主題式統整教學：國民中學落實九年一貫課程的可行模式。戴嘉南（主持人），**國民中小學創新教學**。九年一貫課程改革下的創新教學研討會，國立高雄師範大學。

陳奎熹（1982）。**教育社會學**。臺北市：三民書局。

陳新轉（2001），**課程統整‧理論與設計解說**，台北：商鼎。

陳嘉彌（1998）。自情境教學探討師徒式教育實習。**教育研究資訊，6**（5），21-41。

湯馬斯‧佛里曼（2005）。**世界是平的**。臺北市：雅言文化出版社。

賀琳‧安德森（2008）。**合作取向治療**。臺北市：張老師文化事業。

游家政（1999）。學校課程統整的規劃與實施。**國立花蓮師範學院 87 學年度學術研討會論文集**，17-36 頁。

黃乃熒（2003）。後現代思潮與教師專業發展。**教育資料集刊**，**28**，1-24。

黃永和（2001）。**後現代課程理論之研究：一種有機典範的課程觀**。臺北市：師大書苑。

黃光雄（1996）。**教學理論**。高雄市：復文。

黃孟嬌（譯）（2008）。**敘事治療的工作地圖**（原作者：White, Michael）。台北：張老師文化。（原著出版？：2007）

黃政傑（2013）。學習共同體風起雲湧。**師友月刊**，**552**，0-4。

黃政傑、林佩璇（1996）。**合作學習**。臺北市：五南。

黃炳煌（1999）。談課程統整：以九年一貫社會科課程為例，論文發表於**國立台北師範學院課程與教學研究所主辦「九年一貫課程研討會」**。網址：http://s2.ntptc.edu.tw/

黃郁倫（譯）（2013）。**學習共同體—構想與實踐**（原作者：佐藤學）。臺北市：親子天下。

黃郁倫、鍾啟泉（譯）（2012）。**學習的革命：從教室出發的改革**（原作者：佐藤學）。臺北市：親子天下。

黃能堂（2007）。臺灣人口結構變遷對技職教育的衝擊與其因應。**教育資料與研究雙月刊**，**74**，97-114。

黃湘武、劉謹輔、陳忠志、杜鴻模、陸業堯、江新合（1985）：國中生質量守恆、重量守恆、外體積觀念與比例推理能力的抽樣調查研究，**中等教育**，**36**（1），44-65。

楊心怡、吳淑蘭（2013）。未來教室之 IGCS 應用於國中英語教學行動研究。**教育科技與學習**，**1**（1），1-27。

楊裕仁、李旭梅（2000）。談技職教育－「三明治教學」的實施與展望。**商業職業教育**，**76**，13-17。

溫明麗（2007）。**後現代對教育專業的衝擊—打造一個既批判又感恩的教育希望**。收錄於黃乃熒主編《後現代思

潮與教育發展》（139-160 頁）。臺北市：心理出版社。

溫明麗（2013）。**後現代教育哲學對教育學的啟示**。載於
湯志民（主編），後現代教育與發展（頁 99-124）。臺
北市：高等教育。

溫嘉榮、陳曉平、馬福洋（2004）。建教合作——淺談三明
治教學。**南華大學社會學研究所期刊，39**，43-56。

葉丙成（2015）。**為未來而教：葉丙成 BTS 的教育新思維。**
臺北市：天下雜誌出版社。

葉連祺、林淑萍（2003）。布魯姆認知領域教育目標分類修
訂版之探討。**教育研究月刊，105**，94-106。

詹棟樑（2002）。**後現代主義教育思潮**。臺北市：渤海堂
出版社。

詹志禹編（2002）。**建構論——理論基礎與教育應用**，初版。
台北：正中書局。

資策會數位教育研究所（2012 年 7 月 9 日）。**IGCS 創新
教學模式**。上網日期：2016 年 10 月 16 日，檢自：
http://w3.iiiedu.org.tw/

維基百科（2015）。**世界概況**。取自 http://zh.wikipedia.org/wi
ki/%E5%90%84%E5%9B%BD%E7%94%9F%E8%82%
B2%E7%8E%87%E5%88%97%E8%A1%A8

維基百科（2015）。**易經**。取自 https://zh.wikioedia.org/wiki/
%E6%98%93%E7%BB%8F

維基百科（2015）。**神經語言規劃**。取自 http://zh.wikipedia.o
rg/wiki/

嘉義市崇文國民小學資訊科技融入教學研究團隊（2013）。
教育部 102 年「資訊科技融入教學創新應用典範團隊」
成果報告。取自 http://teachernet.moe.edu.tw/Upload/B
enchMark/2523/%E4%BD%9C%E6%96%87%E6%96%B
B0%E9%AE%AE%E8%A9%A6-%E6%88%90%E6%9E%
9C%E5%A0%B1%E5%91%8A.pdf

賓靜蓀（2012a）。教育大師佐藤學：真正的教育是所有人
一起學習。**親子天下雜誌，第 33 期**。

賓靜蓀（2012b）。「**學習共同體**」 **力挽下沉學力**。取自 http://topic.parenting.com.tw/issue/learning3/japan/article01-1.aspx

劉志軍（2011）。**教育學**。臺北市：高等教育出版社。

劉秀曦、黃家凱（2011）。高等教育擴張後我國大學畢業生人力運用現況之研究。**教育研究與發展**，7（3），1-28。

劉祖華，劉豐瑞（2014）。學歷通膨時代，技職教育的作為。**臺灣教育評論月刊**，**3（12）**，56-59。

歐用生（2013）。**學習的革命：本土實踐的反思**。新北市教育：學習共同體特刊，4-16。

蔡淑英（1998），**數學探究活動的教學與評量，國民小學數學新課程學習評量方法初探**，33-50，台北：台灣省國民學校教師研習會。

蔡清田（1998）九年一貫國民教育課程改革與實施策略。**教師之友，39（4）**，1-9。

廖智倩（2002）。主題統整教學活動設計初探—以「健康與體育」學習領域為例，**16（3）**，115-121。

親子天下（2014）。**葉丙成：讓孩子「餓」，他學得愈多**。取自 https://m.parenting.com.tw/article/5057003-%E8%91%89%E4%B8%99%E6%88%90%EF%BC%9A%E8%AE%93%E5%AD%A9%E5%AD%90%E3%80%8C%E9%A4%93%E3%80%8D%EF%BC%8C%E4%BB%96%E5%AD%B8%E5%BE%97%E6%84%88%E5%A4%9A/

羅聰欽（2013）。如何縮短學用落差，增強學生實務能力。**102 學年度全國高級中等學校校長會議**。國立嘉義大學。

二、英文文獻

Anderson, H. & Gehart, D. (2007) Collaborative Therapy: Relationships and Conversations that Make a Difference. New York: Routledge.

Anderson, H. (1997) *Conversation, Languageand Possibilities: APostmodern Approachto Therapy.* New York: Basic Books.

Anderson, H. (2008). *Collaborative therapy. In K. B. Jordon (Ed.), The theory reference guide: Aquick resource for expert and novice mental health professionals.* Hauppaugé, NY: Nova Science Publishers.

Anderson, H. (2014). Consultations and Trainings. Retrieved from http://www.harleneanderson.org/index.html

Atkinson, J. W., & Litwin, G. H. (1960). Achievement motive and test anxiety conceived as motive to approach success and motive to avoid failure. The Journal of Abnormal and Social Psychology, 60(1), 52.

Bandura, A. (1977). Self-efficacy: toward a unifying theory of behavioral change. Psychological Review, 84(2), 191-215.

Bandura, A. (1982). Self-efficacy mechanism in human agency. American psychologist, 37(2), 122.

Beane, J. A. (1997). Curriculum integration. New York: Teachers College Press.

Bloom, B. (1956). Taxonomy of educational objectives: The classification of educational goals. New York: David McKay Company.

Blumberg, P. (2008). Developing learner-centered teachers: A practical guide for faculty. San Francisco: Jossey-Bass.

Bruner, J. S. (1975). Toward a theory of instruction. Cambridge, MA: Belknap Press.

Chen, J. D. (1993). Building on children's strengths: Examinations of a project spectrum intervention program for students at risk for school failure. Paper presented at the 60th Biennial Meeting of the Society for Research in Child Development, New Orleans, LA.

Crossley, M.L.(2000).Introducing Narrative Psychology: Self, Trauma andthe Construction of Meaning (pp.65-108). Buckingham: Open university Press.

Dale, B. E. (2012). Cone of learning, audio-visual methods in teaching.

Derrida, J. (1985). A letter to a Japanese friend. Retrieved from http://lucy.ukc.ac.uk/Simulate/Derrida_deconstruction.html

Dewey, J. (1916). Democracy and education. New York: MacMillan.

Dewey, J. (1938). Experience and education. New York: MacMillan.

Downing, J.H. and Lander, J.E.(1997).Fostering critical thinking through interdisciplinary cooperation: Integrating secondary level physics into a weight training unit. NASSP Bulletin, 81(591),85-94.

Drake, S., & Burns, R. (2004). Meeting standards through integrated curriculum. Association for Supervision & Curriculum Development, 181.

Gallagher, J. J., & Aschner, M.J. (1963). A preliminary report:analyses of classroom internation. Merrill-Palmer Quarterly, 2, 183-194

Gardner, H. (1983). Frames of mind: The theory of multiple intelligences. New York: Basic Book.

Gergen, K. J., (1996) Social Psychology as Social Construction: The Emerging Vision. In McGarty, C. and Haslam, A. (Eds.) The Message of Social Psychology: Perspectives on Mind in Society. Oxford: Blackwell.

Gergen ,K.J. (1965). Interactions goals and personalistic feedback as factors affecting the presentations of self. Journal of Personality and Social Psychology, 1, 413-424.

Giroux, H. (1991). Border Pedagogy and the Politics of Postmodernism. Social Text, 28, 51-67. doi:10.2307/466376

Heather, R (2008). *A sequential analysis of therapist scaffolding and child concept formation in narrative therapy.* M.A., Brock University (Canada).

Hopkins, L. T. (1937), Integration: Its meaning and application. New York: D. Appleton-Centry.

McAdams, D.P. (1986).Recruitment to High-Risk Activism: The Case of Freedom Summer. American Journal of Sociology, 92, 64-90.

McAdams, D.P. (1999).Personal Narratives and the Life Story. In L. A. Pervin & O. P.John (Eds.),Handbook of Personality Theory and Jesearch (pp.476-500).New York: Guilford press.

Mcclelland, D. C., Atkinson, J. W., Clark, R. A., & Lowell, E. L. (1953). Origins of achievement motivation.

Mortimore, P. (1996). Learning: The Treasure Within. Learning, the treasure within. Editions Unesco.

New Media Consortium (2011). NMC Horizon Report 2011 K-12 Edition.

OECD (2001). Education Policy Analysis. Paris: The author.

Owen, H. (1997), *Open Space Technology: A User's Guide*, Second Edition. Berrett-Koehler Publishers, Inc.

Peters, R.S. (1973). The concept of education. New York : Routledge.

Ricoeur, P. (1986).Life: A Story in Search of a Narrator. In M. Doeser & J.Kray (Eds.), Facts and values. Dordrecht: Martinus Nijhoff.

Rogers. C. R. (1969). Freedom to learn. Upper Saddle River, NJ: Prentice Hall.

Sarbin, T. R. (1986), The Narrative As a Root Metaphor for Psychology, In T. R. Sarbin (Ed.), Narrative Psychology: The Storied Nature of Human Conduct (pp. 3-21). New York: Praeger.

Schultz, D. (1986). Theories of personality. Monterey: California.

Stipek, DJ (2001). Classroom Context Effects on Young Children's Motivation. Student Motivation. Springer

US.

Stein,D.(1998). Situated Learning in adult education. ERIC Digest No. 195

Tzvetan Todorov and Arnold Weinstein. Source: NOVEL: A Forum on Fiction, Vol.3, No.1 (Autumn, 1969), pp.70-76.

UNESCO Institute for Education (2003). Nurturing the Treasure. Vision and Strategy 2002-2007. Hamburg: UIE.

UNESCO.(2015). Data to Transform Lives. Retrieved from http://www.uis.unesco.org/Education/Pages/internation al-student-flow-viz.aspx

Vygotsky, L. (1978). Interaction Between Learning and Development. In Gauvain & Cole (Eds) Readings on the Development of Children. New York: Scientific American Books. pp. 34-40

White, M. (2000). Reflections on Narrative Practice: Essays and Interviews. Adelaide, South Australia: Dulwich Centre Publications

White, M. (2007). *Maps of narrative practice*. New York, NY: W. W. Norton.

White, M. (2011). *Narrative practice: Continuing the conversations* (D. Denborough, Ed.), New York, NY: W.W. Norton.

索引

PE